EDAF

MADRID

GUILLERMO SUAZO PASCUAL

CONJUGACIÓN DE LOS VERBOS

Manual práctico

AUTOAPRENDIZAJE

Coordinador de la colección AUTOAPRENDIZAJE·
VÍCTOR DE LAMA

3ª edición

© 1995. GUILLERMO SUAZO PASCUAL
© 1995. Editorial EDAF, S. A. Jorge Juan, 30. Madrid

Dirección en Internet: http://www.arrakis.es/~edaf
Correo electrónico: edaf@arrakis.es

Depósito legal: M. 35.875-1997
I.S.B.N.: 84-7640-891-9

PRINTED IN SPAIN   IMPRESO EN ESPAÑA
IMPRIME: IBERICA GRAFIC, S. L. - FUENLABRADA (MADRID)

DEDICATORIA:

A Tina, por su importante colaboración.

"¿Qué habría sido de nosotros, di,
si no existieran los puentes?
Pero hay puentes, hay puentes. ¿Los recuerdas?"

PEDRO SALINAS: *Largo lamento*

ÍNDICE

DISTRIBUCIÓN DEL LIBRO

Este manual de conjugación de los verbos españoles pretende, ante todo, ser un instrumento práctico de consulta, una ayuda de fácil y rápido manejo para un conocimiento asentado y seguro de nuestros verbos. Consta de tres grandes partes diferenciadas:

a) **Una primera parte**, no muy extensa, que trata de una forma sencilla los principales conceptos relativos al verbo y a su conjugación.

b) **Una segunda parte**, la más extensa de todas, que abarca el grueso de la conjugación de los verbos. Setenta verbos en total conjugados en su totalidad, que llevan una numeración en la parte superior, independiente del número de la página, y que nos pone en relación con el índice de verbos del apartado tercero.

c) **La tercera parte** contiene un índice general de verbos a tres columnas. Cada verbo lleva un número que nos remite al número de su modelo de conjugación.

Hay verbos de este índice general que llevan dos numeraciones, la última suele ir entre paréntesis, siempre fáciles de interpretar.

Veamos algunos ejemplos:

• "Abanicar"......10(1), en este caso se comprobará que el "10" nos remite al verbo "aplicar", y comprobamos, porque lo pone en la parte superior de la página, que es un verbo regular con variaciones ortográficas. El "1", que va entre paréntesis, indica que ese verbo regular se conjuga por el modelo número "1", que corresponde al verbo "amar".

• **"Colgar"**......61(7), en este caso el "61" nos remite a un modelo irregular, el verbo "acordar", y el "7", que va entre paréntesis, nos manda a "fatigar", regular, pero con variaciones ortográficas.

• **"Expatriar"**......17(16?), en este caso el número que va entre paréntesis lleva una interrogación. Vamos a comentarlo. El "17" nos envía al verbo "desviar", regular, pero con variaciones prosódicas o de acento: **yo expatrío**. Pero, como señala M. Seco, también se usa siguiendo el modelo "16" (cambiar): **yo expatrio** (sin tilde). Ése es el significado de esa interrogación (?). En casos como éste se podía haber añadido un tercer número, el "1", que hiciese referencia al verbo "amar"; pero no lo he juzgado necesario para no recargarlo.

• **"Paliar"**......16(17?), en este caso ocurre algo parecido a lo comentado en "expatriar". La diferencia está en que lo más usual y correcto en este caso (**yo palio**, sin tilde era lo dudoso y menos usado en "expatriar".

Hay verbos que presentan otro tipo de dudas o alternativas que sabrás interpretar con facilidad, en otros casos de más difícil solución he intentado alejarme de la casuística y de excepciones innecesarias.

Las formas irregulares o las que presentan variaciones simplemente ortográficas o de acentuación van en negrita en los modelos conjugados.

Concluyo con un breve apartado sobre el participio (verbos con dos participios) y con unas páginas con el régimen preposicional de algunos verbos.

Espero, estimado lector, que te sea de utilidad, y, en algunos casos, de constructiva polémica.

Talavera de la Reina, 8 de septiembre de 1994

INTRODUCCIÓN

Este Manual de conjugación de los verbos españoles está hecho pensando en los estudiantes y en los hablantes con pequeños problemas cotidianos. Por ello buscamos la sencillez y el fácil manejo.

Los conceptos básicos relativos al verbo se van explicando en cada apartado. Evidentemente, no pretenderé ni definir ni realizar todas las clasificaciones posibles del verbo; es tarea difícil y compleja.

NOCIONES GENERALES

1º CONCEPTO

Sin entrar en disquisiciones, afirmaré con la Real Academia Española que "verbo es la parte de la oración que expresa existencia, estado, acción o pasión del sujeto, indicando siempre tiempo y persona".

Formalmente, está constituido por un lexema o raíz y unos morfemas propios o desinencias que expresan las variaciones de **persona, número, tiempo y modo**.

Los llamados verbos **auxiliares** y los sufijos permiten construir los tiempos compuestos, la voz pasiva y las formas no personales. Toda esta riqueza morfológica recibe los nombres de **paradigma, conjugación o flexión verbal**.

La importancia del verbo es capital en todas las lenguas. Su función es la de constituir el núcleo del predicado verbal de la oración.

2º CLASES DE VERBOS

Hay muchas clases de verbos, y también son varios los criterios de clasificación. Pensando en el destinatario de este libro, intentaré ser lo más claro y directo que me sea posible.

* **Por el empleo gramatical:**

— **Transitivos:** son los que se utilizan con complemento directo: *el niño come una manzana.*

— **Intransitivos:** son los que no pueden llevar complemento directo: *mañana voy a Madrid.*

— **Reflexivos:** son verbos transitivos cuyo complemento directo o complemento indirecto es un pronombre personal de la misma persona que el sujeto: **el niño se lava.** Cuando *me, te, se,...* acompañan al verbo sin tener valor reflexivo, los llamamos verbos **pronominales:** *yo me arrepiento, el niño se atreve.*

— **Recíprocos:** son una clase especial de verbos, tienen dos o más sujetos que realizan la acción del verbo y la reciben alternativamente del otro: *Pedro y María se besan.*

— **Impersonales:** son los verbos que carecen de sujeto, los hay de diversos tipos: *llueve, hay pasteles, es temprano.*

* **Por el significado verbal:**

— **Auxiliares:** son los que han perdido su valor verbal y se utilizan para la conjugación de otros verbos: *haber* para la formación de todos los tiempos compuestos; *ser* para la formación de la pasiva; los llamados *modales,* que han perdido total o parcialmente su significado y se utilizan para formar las perífrasis verbales: *tengo* que estudiar.

— **Copulativos o atributivos:** son los que sirven de nexo

o cópula entre el sujeto y el atributo, en cuyo caso no tienen valor significativo: *ser, estar* y los llamados *semicopulativos.*
— **Predicativos**: son los que tienen significación propia, forman el núcleo del predicado verbal. Son el resto de verbos que no son ni auxiliares ni copulativos.

• **Por su modalidad significativa:**

— **Perfectivos**: son los que indican una acción que no es completa hasta que no está terminada: *saltar, entrar, salir, nacer.*
— **Imperfectivos**: son los verbos cuya acción no necesita terminar para ser completa: *nadar, querer, saber, oír.*
— **Incoativos**: son los verbos que indican el comienzo de una acción o comportamiento: *amanecer, anochecer, florecer.* A veces, además de significar comienzo, indican también la duración de esa acción o comportamiento: *dormirse, ablandarse, enriquecerse, enfriarse...,* y presentan forma reflexiva.
— **Frecuentativos**: son los que indican una acción frecuente o habitual: *tutear, sisear.*
— **Iterativos**: son los que expresan acciones que se componen de momentos repetidos: *golpear, patalear, repicar, besuquear, picotear.* La diferencia entre verbos frecuentativos e iterativos no siempre es perceptible.

• **Por su formación:**

— **Regulares**: son los verbos que en las distintas formas que pueden adoptar en su conjugación se ajustan siempre a las formas del verbo que se toma como modelo.
— **Irregulares**: son los verbos que no siguen los modelos regulares de conjugación, porque presentan variaciones en la raíz, en las desinencias, o en ambos elementos a la vez.
— **Defectivos**: son los verbos que carecen de algún tiempo o persona.

3º PRINCIPALES MORFEMAS (O ACCIDENTES) DEL VERBO

A) Morfemas dependientes del sujeto:

— **Número.** El número del verbo es una marca de concordancia impuesta por el sujeto. A veces se dan discordancias entre el sujeto y el verbo: **este tipo de actitudes no deben tolerarse.**

— **Persona.** Indica si la persona que realiza la acción del verbo es *la que habla (1ª, yo, nosotros), la que escucha (2ª, tú, usted, vosotros, ustedes)* o *la persona o cosa de que se habla.*

Usted, ustedes se utilizan como fórmula de tratamiento de respeto para referirnos a una 2ª persona, aunque formalmente es 3ª persona.

B) Morfemas verbales propios:

— **Modo.** Es el morfema verbal que indica la actitud del hablante ante la acción verbal.

Si el hablante adopta una actitud objetiva, empleará el *modo indicativo,* el modo de la imparcialidad, de la realidad: *llueve, hoy llega mi hermano.*

Si el hablante adopta una actitud subjetiva, expresando duda, temor, deseo, etc., recurrirá al *modo subjuntivo: ojalá llueva, tal vez hoy llegue mi hermano.*

La gramática tradicional habla del *modo condicional,* si bien hoy simplemente se le considera un componente más del *modo indicativo;* y también habla del *modo imperativo.* En este caso, todos los libros de texto hablan del modo imperativo, aunque hay que precisar que es una variante más dentro de los matices de la subjetividad (ruego, mandato, prohibición): *callad, no fuméis.*

— **El tiempo.** Indica cuándo sucede lo que se dice del sujeto. El tiempo es un elemento de medida que siempre parte del hablante.

El punto de partida es *el presente,* situado en el momento del hablante; todo lo anterior es *pasado,* y lo posterior, *futuro.*

El presente solamente es un punto en el tiempo, pero en la conciencia del hablante abarca algo del pasado y del futuro. El hablante lo extiende al pasado y al futuro inmediatos.

Lo que mejor conoce el hablante es lo vivido, lo pasado, por ello realiza más divisiones o parcelaciones gramaticales en el pasado inamovible que en el presente huidizo o que en el futuro impredecible.

Por eso tenemos en el verbo siete tiempos (parcelaciones) dentro del pasado, uno dentro del presente y dos dentro del futuro.

Hay tiempos que se utilizan poco; en el indicativo, el pretérito anterior; en el subjuntivo, tanto el futuro imperfecto como el futuro perfecto han desaparecido de la lengua hablada, y casi totalmente de la lengua escrita. Se sustituyen con otros tiempos del indicativo o del subjuntivo. Ejemplo: si alguien *leyere*/si alguien *lee;* cuando *vinieres*/cuando *vengas.* Su uso queda reducido a refranes (donde *fueres,* haz lo que *vieres*) y al lenguaje judicial y administrativo.

— **El aspecto.** Es el morfema verbal que nos informa sobre el desarrollo interno de la acción con independencia del tiempo.

El aspecto divide las formas verbales en dos grupos: *perfectivas e imperfectivas.*

— **Perfectivas.** Presentan la acción como acabada, indicando su terminación. Tienen *aspecto perfectivo* todos los tiempos compuestos y el pretérito perfecto simple.

— **Imperfectivas.** Presentan la acción como no acabada o en desarrollo, con independencia del tiempo. Tienen *aspecto imperfectivo* todos los tiempos simples, menos el pretérito perfecto simple: *leo un libro, yo estudiaba mucho el año pasado;* "estudiaba" presenta una acción como no terminada, aunque es pasado en cuanto al tiempo.

— **La voz.** Es el morfema verbal que indica si el sujeto realiza la acción, o la recibe o padece. Hay dos voces: **activa**, que indica que el sujeto realiza la acción, y **pasiva**, que indica que el sujeto no realiza la acción, sino que la recibe o padece.

4ª LA CONJUGACIÓN: VERBOS REGULARES/ VERBOS IRREGULARES

La conjugación es la ordenación sistematizada de todas las formas que puede adoptar el verbo cambiando de desinencias.

Al estudiante se le hace enormemente difícil el aprendizaje de la conjugación, cuando en realidad es más fácil de lo que parece.

Toda conjugación se basa en dos tipos de oposiciones:

1ª Formas simples/formas compuestas.
2ª Formas personales/formas no personales.

1ª FORMAS SIMPLES/FORMAS COMPUESTAS

a) Formas simples son los tiempos que están constituidos por una sola forma:

• **Formas personales:**

Indicativo: presente, pretérito imperfecto, pretérito perfecto simple, futuro y condicional simple.
Subjuntivo: presente, pretérito imperfecto y futuro.
Imperativo: presente.

• **Formas no personales:**

Infinitivo, gerundio y participio simples.

b) Formas compuestas son los tiempos constituidos por el verbo auxiliar **HABER** más el participio del verbo conjugado.

Todo tiempo simple tiene su correspondiente o paralelo tiempo compuesto, excepto el participio, que sólo presenta la forma simple.

Todos los tiempos compuestos de todos los verbos se forman con el correspondiente o paralelo tiempo simple del verbo **HABER** más el participio del verbo conjugado.

De ahí lo importante que es saber los tiempos simples del verbo **HABER**, porque, sabiéndonos sólo esos tiempos, podremos formar todos los tiempos compuestos de todos los verbos de nuestra lengua. Esto nos sirve para recordar que cuando un verbo es irregular, sólo presentará variaciones irregulares en algunos de sus tiempos simples, porque en los tiempos compuestos no hay verbos irregulares.

- **Formas personales:**

Indicativo: Pretérito perfecto compuesto, pretérito pluscuamperfecto, pretérito anterior, futuro perfecto y condicional compuesto.

Subjuntivo: Pretérito perfecto, pretérito pluscuamperfecto y futuro perfecto.

- **Formas no personales:**

Infinitivo y gerundio compuestos.

2ª FORMAS PERSONALES/FORMAS NO PERSONALES

a) Formas personales son las que se conjugan con las tres personas gramaticales. Son todas las formas de los modos indicativo, subjuntivo e imperativo.

b) Formas no personales son las que no indican persona, tampoco tiempo, modo o número. No se conjugan. Son el infinitivo (simple y compuesto), el gerundio (simple y compuesto) y el participio

Verbos regulares son los que conservan intacto el lexema o raíz en todas las formas y personas y toman las desinencias verbales de su modelo correspondiente. Todos los verbos españoles terminan en su infinitivo en *-ar, -er, -ir,* primera, segunda y tercera conjugación, respectivamente. Los modelos regulares correspondientes son: *amar, temer, partir.*

Verbos irregulares son los verbos que no siguen los modelos correspondientes de cada conjugación. Pueden sufrir alteraciones en el lexema o raíz *(rodar>ruedo),* en las desinencias *(estar>estuve),* o en ambos elementos a la vez *(poner>puso>ponió; caber>cupe>cabí).*

Las mismas irregularidades suelen afectar a la vez a determinadas formas o tiempos, si un verbo presenta:

— **irregularidades en el presente,** éstas afectan al presente de indicativo *(yo río),* al presente de subjuntivo *(yo ría)* y al presente de imperativo *(ríe);*

— **irregularidades del pretérito,** éstas afectan al pretérito perfecto simple *(yo dije, yo cupe),* al pretérito imperfecto de subjuntivo *(yo dijera/se, yo cupiera/se)* y al futuro de subjuntivo *(yo dijere, yo cupiere);*

— **irregularidades del futuro,** éstas afectan al futuro de indicativo *(yo diré, yo cabré)* y al condicional simple *(yo diría, yo cabría).*

5º   LA VOZ PASIVA

Como ya hemos dicho, la voz pasiva indica que la significación del verbo es recibida por el sujeto: *el pastel es comido por Juan.*

Aunque se conserva el valor semántico diferenciador entre activa y pasiva, el verbo español ha perdido las formas propias de la voz pasiva latina, y para expresarla se utiliza la forma **analítica o perifrástica: verbo ser + el participio del verbo conjugado.**

En el uso de la lengua predominan las formas verbales activas; la voz pasiva apenas se emplea en la lengua hablada, un poco más se utiliza en la lengua escrita.

Incluso hay gramáticos que niegan la existencia de la voz pasiva en español, y afirman que las formas pasivas no son más que formas perifrásticas de **ser + participio.**

No desarrollaré el paradigma o conjugación completa de la voz pasiva, repetiré que se trata de los mismos tiempos del verbo **ser** más el participio del verbo conjugado. Veamos algunos ejemplos:

— Pretérito imperfecto de indicativo de la voz pasiva del verbo amar: **yo era amado, tú eras amado, él era amado, nosotros éramos amados,...**

— Futuro imperfecto de indicativo de la voz pasiva del verbo amar: **yo seré amado, tú serás amado, él será amado, nosotros seremos amados,...**

— Pretérito perfecto de subjuntivo de la voz pasiva del verbo amar: **yo haya sido amado, tú hayas sido amado, él haya sido amado, nosotros hayamos sido amados,...**

CONJUGACIÓN
DE LOS VERBOS

1 AMAR

INDICATIVO

Presente	Pret. Perfecto
amo	he amado
amas	has amado
ama	ha amado
amamos	hemos amado
amáis	habéis amado
aman	han amado

Pret. Imperf.	Pret. Pluscuamp.
amaba	había amado
amabas	habías amado
amaba	había amado
amábamos	habíamos amado
amabais	habíais amado
amaban	habían amado

Pret. Perf. Simple	Pret. Anterior
amé	hube amado
amaste	hubiste amado
amó	hubo amado
amamos	hubimos amado
amasteis	hubisteis amado
amaron	hubieron amado

Futuro Imperf.	Futuro Perfecto
amaré	habré amado
amarás	habrás amado
amará	habrá amado
amaremos	habremos amado
amaréis	habréis amado
amarán	habrán amado

Condicional	Condicio. Perf.
amaría	habría amado
amarías	habrías amado
amaría	habría amado
amaríamos	habríamos amado
amaríais	habríais amado
amarían	habrían amado

SUBJUNTIVO

Presente	Pret. Perfecto
ame	haya amado
ames	hayas amado
ame	haya amado
amemos	hayamos amado
améis	hayáis amado
amen	hayan amado

Pret. Imperf.	Pret. Pluscuamp.
amara/-se	hubiera/-se amado
amaras/-ses	hubieras/-ses amado
amara/-se	hubiera/-se amado
amáramos/-semos	hubiéramos/-semos amado
amarais/-seis	hubierais/-seis amado
amaran/-sen	hubieran/-sen amado

Futuro Imperf.	Futuro Perfecto
amare	hubiere amado
amares	hubieres amado
amare	hubiere amado
amáremos	hubiéremos amado
amareis	hubiereis amado
amaren	hubieren amado

IMPERATIVO

Presente
ama tú
ame él
amemos nosotros
amad vosotros
amen ellos

FORMAS NO PERSONALES

Infinitivo	*Infinitivo Compuesto*
amar	haber amado
Gerundio	*Gerundio Compuesto*
amando	habiendo amado
Participio	
amado	

2 TEMER

INDICATIVO

Presente	*Pret. Perfecto*
temo	he temido
temes	has temido
teme	ha temido
tememos	hemos temido
teméis	habéis temido
temen	han temido

Pret. Imperf.	*Pret. Pluscuamp.*
temía	había temido
temías	habías temido
temía	había temido
temíamos	habíamos temido
temíais	habíais temido
temían	habían temido

Pret. Perf. Simp.	*Pret. Anterior*
temí	hube temido
temiste	hubiste temido
temió	hubo temido
temimos	hubimos temido
temisteis	hubisteis temido
temieron	hubieron temido

Futuro Imperf.	*Futuro Perfecto*
temeré	habré temido
temerás	habrás temido
temerá	habrá temido
temeremos	habremos temido
temeréis	habréis temido
temerán	habrán temido

Condicional	*Condicio. Perf.*
temería	habría temido
temerías	habrías temido
temería	habría temido
temeríamos	habríamos temido
temeríais	habríais temido
temerían	habrían temido

SUBJUNTIVO

Presente	*Pret. Perfecto*
tema	haya temido
temas	hayas temido
tema	haya temido
temamos	hayamos temido
temáis	hayáis temido
teman	hayan temido

Pret. Imperfect.	*Pret. Pluscuamp.*
temiera/-se	hubiera/-se temido
temieras/-ses	hubieras/-ses temido
temiera/-se	hubiera/-se temido
temiéramos/-semos	hubiéramos/-semos temido
temierais/-seis	hubierais/-seis temido
temieran/-sen	hubieran/-sen temido

Futuro Imperf.	*Futuro Perfecto*
temiere	hubiere temido
temieres	hubieres temido
temiere	hubiere temido
temiéremos	hubiéremos temido
temiereis	hubiereis temido
temieren	hubieren temido

IMPERATIVO

Presente
teme tú
tema él
temamos nosotros
temed vosotros
teman ellos

FORMAS NO PERSONALES

Infinitivo	*Infinitivo Compuesto*
temer	haber temido
Gerundio	*Gerundio Compuesto*
temiendo	habiendo temido
Participio	
temido	

PARTIR

3

INDICATIVO

Presente	Pret. Perfecto
parto	he partido
partes	has partido
parto	ha partido
partimos	hemos partido
partís	habéis partido
parten	han partido

Pret. Imperf.	Pret. Pluscump.
partía	había partido
partías	habías partido
partía	había partido
partíamos	habíamos partido
partíais	habíais partido
partían	habían partido

Pret. Perf. Simp.	Pret. Anterior
partí	hube partido
partiste	hubiste partido
partió	hubo partido
partimos	hubimos partido
partisteis	hubisteis partido
partieron	hubieron partido

Futuro Imperf.	Futuro Perfecto
partiré	habré partido
partirás	habrás partido
partirá	habrá partido
partiremos	habremos partido
partiréis	habréis partido
partirán	habrán partido

Condicional	Condicio. Perf.
partiría	habría partido
partirías	habrías partido
partiría	habría partido
partiríamos	habríamos partido
partiríais	habríais partido
partirían	habrían partido

SUBJUNTIVO

Presente	Pret. Perfecto
parta	haya partido
partas	hayas partido
parta	haya partido
partamos	hayamos partido
partáis	hayáis partido
partan	hayan partido

Pret. Imperf.	Pret. Pluscuamp.
partiera/-se	hubiera/-se partido
partieras/-ses	hubieras/-ses partido
partiera/-se	hubiera/-se partido
partiéramos/-semos	hubiéramos/-semos partido
partiérais/seis	hubierais/-seis partido
partieran/-sen	hubieran/-sen partido

Futuro Imperf.	Futuro Perfecto
partiere	hubiere partido
partieres	hubieres partido
partiere	hubiere partido
partiéremos	hubiéremos partido
partiereis	hubiereis partido
partieren	hubieren partido

IMPERATIVO

Presente

parte tú
parta él
partamos nosotros
partid vosotros
partan ellos

FORMAS NO PERSONALES

Infinitivo	*Infinitivo Compuesto*
partir	haber partido
Gerundio	*Gerundio Compuesto*
partiendo	habiendo partido
Participio	
partido	

4 HABER

INDICATIVO

Presente	Pret. Perfecto
he	he habido
has	has habido
ha-(hay)*	ha habido
hemos	hemos habido
habéis	habéis habido
han	han habido

Pret. Imperf.	Pret. Pluscuamp.
había	había habido
habías	habías habido
había	había habido
habíamos	habíamos habido
habíais	habíais habido
habían	habían habido

Pret. Perf. Simp.	Pret. Anterior
hube	hube habido
hubiste	hubiste habido
hubo	hubo habido
hubimos	hubimos habido
hubisteis	hubisteis habido
hubieron	hubieron habido

Futuro Imperf.	Futuro Perfecto
habré	habré habido
habrás	habrás habido
habrá	habrá habido
habremos	habremos habido
habréis	habréis habido
habrán	habrán habido

Condicional	Condicio. Perf.
habría	habría habido
habrías	habrías habido
habría	habría habido
habríamos	habríamos habido
habríais	habríais habido
habrían	habrían habido

SUBJUNTIVO

Presente	Pret. Perfecto
haya	haya habido
hayas	hayas habido
haya	haya habido
hayamos	hayamos habido
hayáis	hayáis habido
hayan	hayan habido

Pret. Imperf.	Pret. Pluscuamp.
hubiera/-se	hubiera/-se habido
hubieras/-ses	hubieras/-ses habido
hubiera/-se	hubiera/-se habido
hubiéramos/-semos	hubiéramos/-semos habido
hubierais/-seis	hubierais/-seis habido
hubieran/-sen	hubieran/-sen habido

Futuro Imperf.	Futuro Perfecto
hubiere	hubiere habido
hubieres	hubieres habido
hubiere	hubiere habido
hubiéremos	hubiéremos habido
hubiereis	hubiereis habido
hubieren	hubieren habido

IMPERATIVO

Presente
he tú
haya él
hayamos nosotros
habed vosotros
hayan ellos

FORMAS NO PERSONALES

Infinitivo	Infinitivo Compuesto
haber	haber habido
Gerundio	*Gerundio Compuesto*
habiendo	habiendo habido
Participio	
habido	

* "Hay", segunda forma de la tercera persona del presente de indicativo del verbo haber, se usa sólo como unipersonal. El verbo **haber** se emplea también como unipersonal en las terceras personas del singular de todos sus tiempos.

5

SER

INDICATIVO

Presente	Pret. Perfecto
soy	he sido
eres	has sido
es	ha sido
somos	hemos sido
sois	habéis sido
son	han sido

Pret. Imperf.	Pret. Pluscump.
era	había sido
eras	habías sido
era	había sido
éramos	habíamos sido
erais	habíais sido
eran	habían sido

Pret. Perf. Simp.	Pret. Anterior
fui	hube sido
fuiste	hubiste sido
fue	hubo sido
fuimos	hubimos sido
fuisteis	hubisteis sido
fueron	hubieron sido

Futuro Imperf.	Futuro Perfecto
seré	habré sido
serás	habrás sido
será	habrá sido
seremos	habremos sido
seréis	habréis sido
serán	habrán sido

Condicional	Condicio. Perf.
sería	habría sido
serías	habrías sido
sería	habría sido
seríamos	habríamos sido
seríais	habríais sido
serían	habrían sido

SUBJUNTIVO

Presente	Pret. Perfecto
sea	haya sido
seas	hayas sido
sea	haya sido
seamos	hayamos sido
seáis	hayáis sido
sean	hayan sido

Pret. Imperf.	Pret. Pluscuamp.
fuera/-se	hubiera/-se sido
fueras/-ses	hubieras/-ses sido
fuera/-se	hubiera/-se sido
fuéramos/-semos	hubiéramos/-semos sido
fuerais/-seis	hubierais/-seis sido
fueran/-sen	hubieran/-sen sido

Futuro Imperf.	Futuro perfecto
fuere	hubiere sido
fueres	hubieres sido
fuere	hubiere sido
fuéremos	hubiéremos sido
fuereis	hubiereis sido
fueren	hubieren sido

IMPERATIVO

Presente

sé tú
sea él
seamos nosotros
sed vosotros
sean ellos

FORMAS NO PERSONALES

Infinitivo	*Infinitivo Compuesto*
ser	haber sido
Gerundio	*Gerundio Compuesto*
siendo	habiendo sido
Participio	
sido	

6 ESTAR

INDICATIVO

Presente	*Pret. Perfecto*
estoy	he estado
estás	has estado
está	ha estado
estamos	hemos estado
estáis	habéis estado
están	han estado

Pret. Imperf.	*Pret. Pluscuamp.*
estaba	había estado
estabas	habías estado
estaba	había estado
estábamos	habíamos estado
estabais	habíais estado
estaban	habían estado

Pret. Perf. Simp.	*Pret. Anterior*
estuve	hube estado
estuviste	hubiste estado
estuvo	hubo estado
estuvimos	hubimos estado
estuvisteis	hubisteis estado
estuvieron	hubieron estado

Futuro Imperf.	*Futuro Perfecto*
estaré	habré estado
estarás	habrás estado
estará	habrá estado
estaremos	habremos estado
estaréis	habréis estado
estarán	habrán estado

Condicional	*Condicio. Perf.*
estaría	habría estado
estarías	habrías estado
estaría	habría estado
estaríamos	habríamos estado
estaríais	habríais estado
estarían	habrían estado

SUBJUNTIVO

Presente	*Pret. Perfecto*
esté	haya estado
estés	hayas estado
esté	haya estado
estemos	hayamos estado
estéis	hayáis estado
estén	hayan estado

Pret. Imperf.	*Pret. Pluscuamp.*
estuviera/-se	hubiera/-se estado
estuvieras/-ses	hubieras/-ses estado
estuviera/-se	hubiera/-se estado
estuviéramos/semos	hubiéramos/-semos estado
estuvierais/-seis	hubierais/-seis estado
estuvieran/-sen	hubieran/-sen estado

Futuro Imperf.	*Futuro Perfecto*
estuviere	hubiere estado
estuvieres	hubieres estado
estuviere	hubiere estado
estuviéremos	hubiéremos estado
estuviereis	hubiereis estado
estuvieren	hubieren estado

IMPERATIVO

Presente

está tú
esté él
estemos nosotros
estad vosotros
estén ellos

FORMAS NO PERSONALES

Infinitivo	*Infinitivo Compuesto*
estar	haber estado
Gerundio	*Gerundio Compuesto*
estando	habiendo estado
Participio	
estado	

VERBOS REGULARES CON VARIACIONES ORTOGRÁFICAS

7

FATIGAR (G > GU)

INDICATIVO

Presente	*Pret. Perfecto*
fatigo	he fatigado
fatigas	has fatigado
fatiga	ha fatigado
fatigamos	hemos fatigado
fatigáis	habéis fatigado
fatigan	han fatigado

Pret. Imperf.	*Pret. Pluscuamp.*
fatigaba	había fatigado
fatigabas	habías fatigado
fatigaba	había fatigado
fatigábamos	habíamos fatigado
fatigabais	habíais fatigado
fatigaban	habían fatigado

Pret. Perf. Simp.	*Pret. Anterior*
fatigué	hube fatigado
fatigaste	hubiste fatigado
fatigó	hubo fatigado
fatigamos	hubimos fatigado
fatigasteis	hubisteis fatigado
fatigaron	hubieron fatigado

Futuro Imperf.	*Futuro Perfecto*
fatigaré	habré fatigado
fatigarás	habrás fatigado
fatigará	habrá fatigado
fatigaremos	habremos fatigado
fatigaréis	habréis fatigado
fatigarán	habrán fatigado

Condicional	*Condicio. Perfecto*
fatigaría	habría fatigado
fatigarías	habrías fatigado
fatigaría	habría fatigado
fatigaríamos	habríamos fatigado
fatigaríais	habríais fatigado
fatigarían	habrían fatigado

SUBJUNTIVO

Presente	*Pret. Perfecto*
fatigue	haya fatigado
fatigues	hayas fatigado
fatigue	haya fatigado
fatiguemos	hayamos fatigado
fatiguéis	hayáis fatigado
fatiguen	hayan fatigado

Pret. Imperf.	*Pret. Pluscuamp.*
fatigara/-se	hubiera/-se fatigado
fatigaras/-ses	hubieras/-ses fatigado
fatigara/-se	hubiera/-se fatigado
fatigáramos/-semos	hubiéramos/semos fatigado
fatigarais/-seis	hubierais/-seis fatigado
fatigaran/-sen	hubieran/-sen fatigado

Futuro Imperf.	*Futuro Perfecto*
fatigare	hubiere fatigado
fatigares	hubieres fatigado
fatigare	hubiere fatigado
fatigáremos	hubiéremos fatigado
fatigareis	hubiereis fatigado
fatigaren	hubieren fatigado

IMPERATIVO

Presente

fatiga tú
fatigue él
fatiguemos nosotros
fatigad vosotros
fatiguen ellos

FORMAS NO PERSONALES

Infinitivo	*Infinitivo Compuesto*
fatigar	haber fatigado
Gerundio	*Gerundio Compuesto*
fatigando	habiendo fatigado
Participio	
fatigado	

8

VERBOS REGULARES CON VARIACIONES ORTOGRÁFICAS

DISTINGUIR (GU > G)

INDICATIVO

Presente	*Pret. Perfecto*
distingo	he distinguido
distingues	has distinguido
distingue	ha distinguido
distinguimos	hemos distinguido
distinguís	habéis distinguido
distinguen	han distinguido

Pret. Imperf.	*Pret. Pluscuamp.*
distinguía	había distinguido
distinguías	habías distinguido
distinguía	había distinguido
distinguíamos	habíamos distin.
distinguíais	habíais distinguido
distinguían	habían distinguido

Pret. Perf. Simp.	*Pret. Anterior*
distinguí	hube distinguido
distinguiste	hubiste distinguido
distinguió	hubo distinguido
distinguimos	hubimos distinguido
distinguisteis	hubisteis distinguido
distinguieron	hubieron distinguido

Futuro Imperf.	*Futuro Perfecto*
distinguiré	habré distinguido
distinguirá	habrás distinguido
distinguirá	habrá distinguido
distinguiremos	habremos disting.
distinguiréis	habréis distingu.
distinguirán	habrán distingui.

Condicional	*Condicio. Perfecto*
distinguiría	habría distinguido
distinguirías	habrías distinguido
distinguiría	habría distinguido
distinguiríamos	habríamos distingu.
distinguiríais	habríais distingui.
distinguirían	habrían distinguido

SUBJUNTIVO

Presente	*Pret. Perfecto*
distinga	haya distinguido
distingas	hayas distinguido
distinga	haya distinguido
distingamos	hayamos distinguido
distingáis	hayáis distinguido
distingan	hayan distinguido

Pret. Imperf.	*Pret. Pluscuamp.*
distinguiera/-se	hubiera/-se distinguido
distinguieras/-ses	hubieras/-ses distinguido
distinguiera/-se	hubiera/-se distinguido
distinguiéramos/semos	hubiéramos/-semos disting.
distinguierais/seis	hubierais/-seis distinguido
distinguieran/sen	hubieran/-sen distinguido

Futuro Imperf.	*Futuro Perfecto*
distinguiere	hubiere distinguido
distinguieres	hubieres distinguido
distinguiere	hubiere distinguido
distinguiéremos	hubiéremos distinguido
distinguiereis	hubiereis distinguido
distinguieren	hubieren distinguido

IMPERATIVO

Presente
distingue tú
distinga él
distingamos nosotros
distinguid vosotros
distingan ellos

FORMAS NO PERSONALES

Infinitivo	*Infinitivo Compuesto*
distinguir	haber distinguido
Gerundio	*Gerundio Compuesto*
distinguiendo	habiendo distinguido
Participio	
distinguido	

VERBOS REGULARES CON VARIACIONES ORTOGRÁFICAS

9 CAZAR (Z > C)

INDICATIVO

Presente	Pret. Perfecto
cazo	he cazado
cazas	has cazado
caza	ha cazado
cazamos	hemos cazado
cazáis	habéis cazado
cazan	han cazado

Pret. Imperf.	Pret. Pluscuamp.
cazaba	había cazado
cazabas	habías cazado
cazaba	había cazado
cazábamos	habíamos cazado
cazabais	habíais cazado
cazaban	habían cazado

Pret. Perf. Simp.	Pret. Anterior
cacé	hube cazado
cazaste	hubiste cazado
cazó	hubo cazado
cazamos	hubimos cazado
cazasteis	hubisteis cazado
cazaron	hubieron cazado

Futuro Imperf.	Futuro Perfecto
cazaré	habré cazado
cazarás	habrás cazado
cazará	habrá cazado
cazaremos	habremos cazado
cazaréis	habréis cazado
cazarán	habrán cazado

Condicional	Condicio. Perfecto
cazaría	habría cazado
cazarías	habrías cazado
cazaría	habría cazado
cazaríamos	habríamos cazado
cazaríais	habríais cazado
cazarían	habrían cazado

SUBJUNTIVO

Presente	Pret. Perfecto
cace	haya cazado
caces	hayas cazado
cace	haya cazado
cacemos	hayamos cazado
cacéis	hayáis cazado
cacen	hayan cazado

Pret. Imperf.	Pret. Pluscuamp.
cazara/-se	hubiera/se cazado
cazaras/-ses	hubieras/-ses cazado
cazara/-se	hubiera/-se cazado
cazáramos/-semos	hubiéramos/-semos cazado
cazarais/-seis	hubierais/-seis cazado
cazaran/-sen	hubieran/-sen cazado

Futuro Imperf.	Futuro Perfecto
cazare	hubiere cazado
cazares	hubieres cazado
cazare	hubiere cazado
cazáremos	hubiéremos cazado
cazareis	hubiereis cazado
cazaren	hubieren cazado

IMPERATIVO

Presente

caza tú
cace él
cacemos nosotros
cazad vosotros
cacen ellos

FORMAS NO PERSONALES

Infinitivo	Infinitivo Compuesto
cazar	haber cazado
Gerundio	*Gerundio Compuesto*
cazando	habiendo cazado
Participio	
cazado	

10   VERBOS REGULARES CON VARIACIONES ORTOGRÁFICAS
APLICAR (C > QU)

INDICATIVO		SUBJUNTIVO	
Presente	*Pret. Perfecto*	*Presente*	*Pret. Perfecto*
aplico	he aplicado	aplique	haya aplicado
aplicas	has aplicado	apliques	hayas aplicado
aplica	ha aplicado	aplique	haya aplicado
aplicamos	hemos aplicado	apliquemos	hayamos aplicado
aplicáis	habéis aplicado	apliquéis	hayáis aplicado
aplican	han aplicado	apliquen	hayan aplicado
Pret. Imperf.	*Pret. Pluscuamp.*	*Pret. Imperf.*	*Pret. Pluscuamp.*
aplicaba	había aplicado	aplicara/-se	hubiera/-se aplicado
aplicabas	habías aplicado	aplicaras/-ses	hubieras/-ses aplicado
aplicaba	había aplicado	aplicara/-se	hubiera/-se aplicado
aplicábamos	habíamos aplicado	aplicáramos/-semos	hubiéramos/-semos aplica.
aplicabais	habíais aplicado	aplicarais/-seis	hubierais/-seis aplicado
aplicaban	habían aplicado	aplicaran/-sen	hubieran/-sen aplicado
Pret. Perf. Simp.	*Pret. Anterior*	*Futuro Imperf.*	*Futuro Perfecto*
aplique	hube aplicado	aplicare	hubiere aplicado
aplicaste	hubiste aplicado	aplicares	hubieres aplicado
aplicó	hubo aplicado	aplicare	hubiere aplicado
aplicamos	hubimos aplicado	aplicáremos	hubiéremos aplicado
aplicasteis	hubisteis aplicado	aplicareis	hubiereis aplicado
aplicaron	. hubieron aplicado	aplicaren	hubieren aplicado

Futuro Imperf.	*Futuro Perfecto*
aplicaré	habré aplicado
aplicarás	habrás aplicado
aplicará	habrá aplicado
aplicaremos	habremos aplicado
aplicaréis	habréis aplicado
aplicarán	habrán aplicado

IMPERATIVO

Presente
aplica tú
aplique él
apliquemos nosotros
aplicad vosotros
apliquen ellos

Condicional	*Condicio. Perfecto*
aplicaría	habría aplicado
aplicarías	habrías aplicado
aplicaría	habría aplicado
aplicaríamos	habríamos aplica.
aplicaríais	habriais aplicado
aplicarían	habrían aplicado

FORMAS NO PERSONALES

Infinitivo	*Infinitivo Compuesto*
aplicar	haber aplicado
Gerundio	*Gerundio Compuesto*
aplicando	habiendo aplicado
Participio	
aplicado	

11 VERBOS REGULARES CON VARIACIONES ORTOGRÁFICAS
DELINQUIR (QU > C)

INDICATIVO

Presente	*Pret. Perfecto*
delinco	he delinquido
delinques	has delinquido
delinque	ha delinquido
delinquimos	hemos delinquido
delinquís	habéis delinquido
. delinquen	han delinquido

Pret. Imperf.	*Pret. Pluscuamp.*
delinquía	había delinquido
delinquías	habías delinquido
delinquía	había delinquido
delinquíamos	habíamos delinquido
delinquíais	habíais delinquido
delinquían	habían delinquido

Pret. Perf. Simp.	*Pret. Anterior*
delinquí	hube delinquido
delinquiste	hubiste delinquido
delinquió	hubo delinquido
delinquimos	hubimos delinquido
delinquisteis	hubisteis delinquido
delinquieron	hubieron delinquido

Futuro Imperf.	*Futuro Perfecto*
delinquiré	habré delinquido
delinquirás	habrás delinquido
delinquirá	habrá delinquido
delinquiremos	habremos delinquido
delinquiréis	habréis delinquido
delinquirán	habrán delinquido

Condicional	*Condicio. Perfecto*
delinquiría	habría delinquido
delinquirías	habrías delinquido
delinquiría	habría delinquido
delinquiríamos	habríamos delinquido
delinquiríais	habríais delinquido
delinquirían	habrían delinquido

SUBJUNTIVO

Presente	*Pret. Perfecto*
delinca	haya delinquido
delincas	hayas delinquido
delinca	haya delinquido
delincamos	hayamos delinquido
delincáis	hayáis delinquido
delincan	hayan delinquido

Pret. Imperf.	*Pret. Pluscuamp.*
delinquiera/-se	hubiera/-se delinquido
delinquieras/-ses	hubieras/-ses delinquido
delinquiera/-se	hubiera/-se delinquido
delinquiéramos/-semos	hubiéramos/-semos delinq.
delinquierais/-seis	hubierais/-seis delinquido
delinquieran/-sen	hubieran/-sen delinquido

Futuro Imperf.	*Futuro Perfecto*
delinquiere	hubiere delinquido
delinquieres	hubieres delinquido
delinquiere	hubiere delinquido
delinquiéremos	hubiéremos delinquido
delinquiereis	hubiereis delinquido
delinquieren	hubieren delinquido

IMPERATIVO

Presente

delinque tú
delinca él
delincamos nosotros
delinquid vosotros
delincan ellos

FORMAS NO PERSONALES

Infinitivo	*Infinitivo Compuesto*
delinquir	haber delinquido
Gerundio	*Gerundio Compuesto*
delinquiendo	habiendo delinquido
Participio	
delinquido	

VERBOS REGULARES CON VARIACIONES ORTOGRÁFICAS

COGER (G > J)

INDICATIVO

Presente	Pret. Perfecto
cojo	he cogido
coges	has cogido
coge	ha cogido
cogemos	hemos cogido
cogéis	habéis cogido
cogen	han cogido

Pret. Imperf.	Pret. Pluscuamp.
cogía	había cogido
cogías	habías cogido
cogía	había cogido
cogíamos	habíamos cogido
cogíais	habíais cogido
cogían	habían cogido

Pret. Perf. Simp.	Pret. Anterior
cogí	hube cogido
cogiste	hubiste cogido
cogió	hubo cogido
cogimos	hubimos cogido
cogisteis	hubisteis cogido
cogieron	hubieron cogido

Futuro Imperf.	Futuro Perfecto
cogeré	habré cogido
cogerás	habrás cogido
cogerá	habrá cogido
cogeremos	habremos cogido
cogeréis	habréis cogido
cogerán	habrán cogido

Condicional	Condicio. Perfecto
cogería	habría cogido
cogerías	habrías cogido
cogería	habría cogido
cogeríamos	habríamos cogido
cogeríais	habríais cogido
cogerían	habrían cogido

SUBJUNTIVO

Presente	Pret. Perfecto
coja	haya cogido
cojas	hayas cogido
coja	haya cogido
cojamos	hayamos cogido
cojáis	hayáis cogido
cojan	hayan cogido

Pret. Imperf.	Pret. Pluscuamp.
cogiera/-se	hubiera/-se cogido
cogieras/-ses	hubieras/-ses cogido
cogiera/-se	hubiera/-se cogido
cogiéramos/-semos	hubiéramos/-semos cogido
cogierais/-seis	hubierais/-seis cogido
cogieran/-sen	hubieran/-sen cogido

Futuro Imperf.	Futuro Perfecto
cogiere	hubiere cogido
cogieres	hubieres cogido
cogiere	hubiere cogido
cogiéremos	hubiéremos cogido
cogiereis	hubiereis cogido
cogieren	hubieren cogido

IMPERATIVO

Presente

coge tú
coja él
cojamos nosotros
coged vosotros
cojan ellos

FORMAS NO PERSONALES

Infinitivo	*Infinitivo Compuesto*
coger	haber cogido
Gerundio	*Gerundio Compuesto*
cogiendo	habiendo cogido
Participio	
cogido	

VERBOS REGULARES CON VARIACIONES ORTOGRÁFICAS

13 FINGIR (G > J)

INDICATIVO

Presente	*Pret. Perfecto*
finjo	he fingido
finges	has fingido
finge	ha fingido
fingimos	hemos fingido
fingís	habéis fingido
fingen	han fingido

Pret. Imperf.	*Pret. Pluscuamp.*
fingía	había fingido
fingías	habías fingido
fingía	había fingido
fingíamos	habíamos fingido
fingíais	habíais fingido
fingían	habían fingido

Pret. Perf. Simp.	*Pret. Anterior*
fingí	hube fingido
fingiste	hubiste fingido
fingió	hubo fingido
fingimos	hubimos fingido
fingisteis	hubisteis fingido
fingieron	hubieron fingido

Futuro Imperf.	*Futuro Perfecto*
fingiré	habré fingido
fingirás	habrás fingido
fingirá	habrá fingido
fingiremos	habremos fingido
fingiréis	habréis fingido
fingirán	habrán fingido

Condicional	*Condicio. Perfecto*
fingiría	habría fingido
fingirías	habrías fingido
fingiría	habría fingido
fingiríamos	habríamos fingido
fingiríais	habríais fingido
fingirían	habrían fingido

SUBJUNTIVO

Presente	*Pret. Perfecto*
finja	haya fingido
finjas	hayas fingido
finja	haya fingido
finjamos	hayamos fingido
finjáis	hayáis fingido
finjan	hayan fingido

Pret. Imperf.	*Pret. Pluscuamp.*
fingiera/-se	hubiera/-se fingido
fingieras/-ses	hubieras/-ses fingido
fingiera/-se	hubiera/-se fingido
fingiéramos/-semos	hubiéramos/-semos fingido
fingierais/-seis	hubierais/-seis fingido
fingieran/-sen	hubieran/-sen fingido

Futuro Imperf.	*Futuro Perfecto*
fingiere	hubiere fingido
fingieres	hubieres fingido
fingiere	hubiere fingido
fingiéremos	hubiéremos fingido
fingiereis	hubiereis fingido
fingieren	hubieren fingido

IMPERATIVO

Presente
finge tú
finja él
finjamos nosotros
fingid vosotros
finjan ellos

FORMAS NO PERSONALES

Infinitivo	*Infinitivo Compuesto*
fingir	haber fingido
Gerundio	*Gerundio Compuesto*
fingiendo	habiendo fingido
Participio	
fingido	

14 VERBOS REGULARES CON VARIACIONES ORTOGRÁFICAS
VENCER (C > Z)

INDICATIVO

Presente

venzo
vences
vence
vencemos
vencéis
vencen

Pret. Perfecto

he vencido
has vencido
ha vencido
hemos vencido
habéis vencido
han vencido

Pret. Imperf.

vencía
vencías
vencía
vencíamos
vencíais
vencían

Pret. Pluscuamp.

había vencido
habías vencido
había vencido
habíamos vencido
habíais vencido
habían vencido

Pret. Perf. Simp.

vencí
venciste
venció
vencimos
vencisteis
vencieron

Pret. Anterior

hube vencido
hubiste vencido
hubo vencido
hubimos vencido
hubisteis vencido
hubieron vencido

Futuro Imperf.

venceré
vencerás
vencerá
venceremos
venceréis
vencerán

Futuro Perfecto

habré vencido
habrás vencido
habrá vencido
habremos vencido
habréis vencido
habrán vencido

Condicional

vencería
vencerías
vencería
venceríamos
venceríais
vencerían

Condicio. Perfecto

habría vencido
habrías vencido
habría vencido
habríamos vencido
habríais vencido
habrían vencido

SUBJUNTIVO

Presente

venza
venzas
venza
venzamos
venzáis
venzan

Pret. Perfecto

haya vencido
hayas vencido
haya vencido
hayamos vencido
hayáis vencido
hayan vencido

Pret. Imperf.

venciera/-se
vencieras/-ses
venciera/-se
venciéramos/-semos
vencierais/-seis
vencieran/-sen

Pret. Pluscuamp.

hubiera/-se vencido
hubieras/-ses vencido
hubiera/-se vencido
hubiéramos/-semos vencido
hubierais/-seis vencido
hubieran/-sen vencido

Futuro Imperf.

venciere
vencieres
venciere
venciéremos
venciereis
vencieren

Futuro Perfecto

hubiere vencido
hubieres vencido
hubiere vencido
hubiéremos vencido
hubiereis vencido
hubieren vencido

IMPERATIVO

Presente

vence tú
venza él
venzamos nosotros
venzed vosotros
venzan ellos

FORMAS NO PERSONALES

Infinitivo
vencer
Gerundio
venciendo
Participio
vencido

Infinitivo Compuesto
haber vencido
Gerundio Compuesto
habiendo vencido

15 VERBOS REGULARES CON VARIACIONES ORTOGRÁFICAS
ESPARCIR (C > Z)

INDICATIVO

Presente	Pret. Perfecto
esparzo	he esparcido
esparces	has esparcido
esparce	ha esparcido
esparcemos	hemos esparcido
esparcéis	habéis esparcido
esparcen	han esparcido

Pret. Imperf.	Pret. Pluscuamp.
esparcía	había esparcido
esparcías	habías esparcido
esparcía	había esparcido
esparcíamos	habíamos esparcido
esparcíais	habíais esparcido
esparcían	habían esparcido

Pret. Perf. Simp.	Pret. Anterior
esparcí	hube esparcido
esparciste	hubiste esparcido
esparció	hubo esparcido
esparcimos	hubimos esparcido
esparcisteis	hubisteis esparcido
esparcieron	hubieron esparcido

Futuro Imperf.	Futuro Perfecto
esparciré	habré esparcido
esparcirás	habrás esparcido
esparcirá	habrá esparcido
esparciremos	habremos esparcido
esparciréis	habréis esparcido
esparcirán	habrán esparcido

Condicional	Condicio. Perfecto
esparciría	habría esparcido
esparcirías	habrías esparcido
esparciría	habría esparcido
esparciríamos	habríamos esparcido
esparciríais	habríais esparcido
esparcirían	habrían esparcido

SUBJUNTIVO

Presente	Pret. Perfecto
esparza	haya esparcido
esparzas	hayas esparcido
esparza	haya esparcido
esparzamos	hayamos esparcido
esparzáis	hayáis esparcido
esparzan	hayan esparcido

Pret. Imperf.	Pret. Pluscuamp.
esparciera/-se	hubiera/-se esparcido
esparcieras/-ses	hubieras/-ses esparcido
esparciera/-se	hubiera/-se esparcido
esparciéramos/-semos	hubiéramos/-semos esparc.
esparcierais/-seis	hubierais/-seis esparcido
esparcieran/-sen	hubieran/-sen esparcido

Futuro Imperf.	Futuro Perfecto
esparciere	hubiere esparcido
esparcieres	hubieres esparcido
esparciere	hubiere esparcido
esparciéremos	hubiéremos esparcido
esparciereis	hubiereis esparcido
esparcieren	hubieren esparcido

IMPERATIVO

Presente
esparce tú
esparza él
esparzamos nosotros
esparcid vosotros
esparzan ellos

FORMAS NO PERSONALES

Infinitivo	Infinitivo Compuesto
esparcir	haber esparcido
Gerundio	*Gerundio Compuesto*
esparciendo	habiendo esparcido
Participio	
esparcido	

16   VERBOS REGULARES CON VARIACIONES PROSÓDICAS O DE ACENTO EN LA ÚLTIMA SÍLABA

CAMBIAR (ia > ia)*

INDICATIVO

SUBJUNTIVO

Presente	*Pret. Perfecto*	*Presente*	*Pret. Perfecto*
cambio	he cambiado	cambie	haya cambiado
cambias	has cambiado	cambies	hayas cambiado
cambia	ha cambiado	cambie	haya cambiado
cambiamos	hemos cambiado	cambiemos	hayamos cambiado
cambiáis	habéis cambiado	cambiéis	hayáis cambiado
cambian	han cambiado	cambien	hayan cambiado

Pret. Imperf.	*Pret. Pluscuamp.*	*Pret. Imperf.*	*Pret. Pluscuamp.*
cambiaba	había cambiado	cambiara/-se	hubiera/-se cambiado
cambiabas	habías cambiado	cambiaras/-ses	hubieras/-ses cambiado
cambiaba	había cambiado	cambiara/-se	hubiera/-se cambiado
cambiábamos	habíamos cambiado	cambiaramos/-semos	hubiéramos/-semos cambi.
cambiabais	habíais cambiado	cambiarais/-seis	hubierais/-seis cambiado
cambiaban	habían cambiado	cambiaran/-sen	hubieran/-sen cambiado

Pret. Perf. Simp.	*Pret. Anterior*	*Futuro Imperf.*	*Futuro Perfecto*
cambié	hube cambiado	cambiare	hubiere cambiado
cambiaste	hubiste cambiado	cambiares	hubieres cambiado
cambió	hubo cambiado	cambiare	hubiere cambiado
cambiamos	hubimos cambiado	cambiáremos	hubiéremos cambiado
cambiasteis	hubisteis cambiado	cambiareis	hubiereis cambiado
cambiaron	hubieron cambiado	cambiaren	hubieren cambiado

Futuro Imperf.	*Futuro Perfecto*	
cambiaré	habré cambiado	**IMPERATIVO**
cambiarás	habrás cambiado	*Presente*
cambiará	habrá cambiado	cambia tú
cambiaremos	habremos cambiado	cambie él
cambiaréis	habréis cambiado	cambiemos nosotros
cambiarán	habrán cambiado	cambiad vosotros
		cambien ellos

Condicional	*Condicio. Perfecto*	
cambiaría	habría cambiado	**FORMAS NO PERSONALES**
cambiarías	habrías cambiado	*Infinitivo* *Infinitivo Compuesto*
cambiaría	habría cambiado	cambiar haber cambiado
cambiaríamos	habríamos cambiado	*Gerundio* *Gerundio Compuesto*
cambiaríais	habríais cambiado	cambiando habiendo cambiado
cambiarían	habrían cambiado	*Participio*
		cambiado

---

* La "i" final de la raíz **cambi-** es átona en todas las formas del verbo. Esta "i" siempre se combina formando diptongo con la vocal que sigue.

17 VERBOS REGULARES CON VARIACIONES PROSÓDICAS O DE ACENTO EN LA ÚLTIMA SÍLABA

DESVIAR (ia > ía)*

INDICATIVO

Presente	Pret. Perfecto
desvío	he desviado
desvías	has desviado
desvía	ha desviado
desviamos	hemos desviado
desviáis	habéis desviado
desvían	han desviado

Pret. Imperf.	Pret. Pluscuamp.
desviaba	había desviado
desviabas	habías desviado
desviaba	había desviado
desviábamos	habíamos desviado
desviabais	habíais desviado
desviaban	habían desviado

Pret. Perf. Simp.	Pret. Anterior
desvié	hube desviado
desviaste	hubiste desviado
desvió	hubo desviado
desviamos	hubimos desviado
desviasteis	hubisteis desviado
desviaron	hubieron desviado

Futuro Imperf.	Futuro Perfecto
desviaré	habré desviado
desviarás	habrás desviado
desviará	habrá desviado
desviaremos	habremos desviado
desviaréis	habréis desviado
desviarán	habrán desviado

Condicional	Condicio. Perfecto
desviaría	habría desviado
desviarías	habrías desviado
desviaría	habría desviado
desviaríamos	habríamos desviado
desviaríais	habríais desviado
desviarían	habrían desviado

SUBJUNTIVO

Presente	Pret. Perfecto
desvíe	haya desviado
desvíes	hayas desviado
desvíe	haya desviado
desviemos	hayamos desviado
desviéis	hayáis desviado
desvíen	hayan desviado

Pret. Imperf.	Pret. Pluscuamp.
desviara/-se	hubiera/-se desviado
desviaras/-ses	hubieras/-ses desviado
desviara/-se	hubiera/-se desviado
desviáramos/-semos	hubiéramos/-semos desvia.
desviarais/-seis	hubierais/-seis desviado
desviaran/-sen	hubieran/-sen desviado

Futuro Imperf.	Futuro Perfecto
desviare	hubiere desviado
desviares	hubieres desviado
desviare	hubiere desviado
desviáremos	hubiéremos desviado
desviareis	hubiereis desviado
desviaren	hubieren desviado

IMPERATIVO

Presente

desvía tú
desvíe él
desviemos nosotros
desviad vosotros
desvíen ellos

FORMAS NO PERSONALES

Infinitivo	*Infinitivo Compuesto*
desviar	haber desviado
Gerundio	*Gerundio Compuesto*
desviando	habiendo desviado
Participio	
desviado	

---

* Aparentemente igual que el modelo anterior (cambiar); pero la "i" final de la raíz **desvi-** es tónica y lleva tilde en las personas **yo, tú, él, ellos** de los presentes de indicativo, subjuntivo e imperativo. En todas las demás formas del verbo esa "i" es átona, a pesar de lo cual nunca forma diptongo con la vocal que le sigue. Siempre forma un hiato.

18 VERBOS REGULARES CON VARIACIONES PROSÓDICAS O DE ACENTO EN LA ÚLTIMA SÍLABA

ACTUAR (ua > úa)*

INDICATIVO		SUBJUNTIVO	
Presente	*Pret. Perfecto*	*Presente*	*Pret. Perfecto*
actúo	he actuado	actúe	haya actuado
actúas	has actuado	actúes	hayas actuado
actúa	ha actuado	actúe	haya actuado
actuamos	hemos actuado	actuemos	hayamos actuado
actuáis	habéis actuado	actuéis	hayáis actuado
actúan	han actuado	actúen	hayan actuado
Pret. Imperf.	*Pret. Pluscuamp.*	*Pret. Imperf.*	*Pret. Pluscuamp.*
actuaba	había actuado	actuara/-se	hubiera/-se actuado
actuabas	habías actuado	actuaras/-ses	hubieras/-ses actuado
actuaba	había actuado	actuara/-se	hubiera/-se actuado
actuábamos	habíamos actuado	actuáramos/semos	hubiéramos/-semos actua.
actuabais	habíais actuado	actuarais/-seis	hubierais/-seis actuado
actuaban	habían actuado	actuaran/-sen	hubieran/-sen actuado
Pret. Perf. Simp.	*Pret. Anterior*	*Futuro Imperf.*	*Futuro Perfecto*
actué	hube actuado	actuare	hubiere actuado
actuaste	hubiste actuado	actuares	hubieres actuado
actuó	hubo actuado	actuare	hubiere actuado
actuamos	hubimos actuado	actuáremos	hubiéremos actuado
actuasteis	hubisteis actuado	actuareis	hubiereis actuado
actuaron	hubieron actuado	actuaren	hubieren actuado

Futuro Imperf.	*Futuro Perfecto*	IMPERATIVO
actuaré	habré actuado	*Presente*
actuarán	habrás actuado	actúa tú
actuará	habrá actuado	actúe él
actuaremos	habremos actuado	actuemos nosotros
actuaréis	habréis actuado	actuad vosotros
actuarán	habrán actuado	actúen ellos

Condicional	*Condicio. Perfecto*	FORMAS NO PERSONALES	
actuaría	habría actuado	*Infinitivo*	*Infinitivo Compuesto*
actuarías	habrías actuado	actuar	haber actuado
actuaría	habría actuado	*Gerundio*	*Gerundio Compuesto*
actuaríamos	habríamos actuado	actuando	habiendo actuado
actuaríais	habríais actuado	*Participio*	
actuarían	habrían actuado	actuado	

---

* La "u" final de la raíz **actu-** es tónica y lleva tilde en las personas **yo, tú, él, ellos** de los presentes de indicativo, subjuntivo e imperativo. En todas las demás formas del verbo esa "u" es átona, a pesar de lo cual nunca forma diptongo con la vocal que la sigue. Siempre forma un hiato. *Así se conjugan todos los verbos acabados en -uar, excepto los terminados en -guar, -cuar.*

19 VERBOS REGULARES CON VARIACIONES PROSÓDICAS O DE ACENTO EN LA ÚLTIMA SÍLABA
AVERIGUAR (ua > ua)*

INDICATIVO

Presente	*Pret. Perfecto*
averiguo	he averiguado
averiguas	has averiguado
averigua	ha averiguado
averiguamos	hemos averiguado
averiguáis	habéis averiguado
averiguan	han averiguado

Pret. Imperf.	*Pret. Pluscuamp.*
averiguaba	había averiguado
averiguabas	habías averiguado
averiguaba	había averiguado
averiguábamos	habíamos averigua.
averiguabais	habíais averiguado
averiguaban	habían averiguado

Pret. Perf. Simp.	*Pret. Anterior*
averigüé	hube averiguado
averiguaste	hubiste averigua.
averiguó	hubo averiguado
averiguamos	hubimos averigua.
averiguasteis	hubisteis averigu.
averiguaron	hubieron averigu.

Futuro Imperf.	*Futuro Perfecto*
averiguaré	habré averiguado
averiguarás	habrás averiguado
averiguará	habrá averiguado
averiaguaremos	habremos averigu.
averiguaréis	habréis averiguado
averiguarán	habrán averiguado

Condicional	*Condicio. Perfecto*
averiguaría	habría averiguado
averiguarías	habrías averiguado
averiaguaría	habría averiguado
averiguaríamos	habríamos averig.
averiaguariais	habríais averiguado
averiguarian	habrían averiguado

SUBJUNTIVO

Presente	*Pret. Perfecto*
averigüe	haya averiguado
averigües	hayas averiguado
averigüe	haya averiguado
averigüemos	hayamos averiguado
averigüéis	hayáis averiguado
averigüen	hayan averiguado

Pret. Imperf.	*Pret. Pluscuamp.*
averiguara/-se	hubiera/-se averiguado
averiguaras/-ses	hubieras/-ses averiguado
averiguara/-se	hubiera/-se averiguado
averiguaramos/-semos	hubiéramos/semos averigu.
averiguarais/-seis	hubierais/-seis averiguado
averiguaran/-sen	hubieran/-sen averiguado

Futuro Imperf.	*Futuro Perfecto*
averiguare	hubiere averiguado
averiguares	hubieres averiguado
averiguare	hubiere averiguado
averiguáremos	hubiéremos averiguado
averiguareis	hubiereis averiguado
averiguaren	hubieren averiguado

IMPERATIVO

Presente
averigua tú
averigüe él
averigüemos nosotros
averiguad vosotros
averigüen ellos

FORMAS NO PERSONALES

Infinitivo	*Infinitivo Compuesto*
averiguar	haber averiguado
Gerundio	*Gerundio Compuesto*
averiguando	habiendo averiguado
Participio	
averiguado	

---

* La "u" final de la raíz **averigu**- es átona en todas las formas de este verbo. Esa "u" siempre se combina formando diptongo con la vocal que la sigue. *Se conjugan así los verbos terminados en* -**guar** *y* -**cuar** *(adecuar, evacuar). En los verbos acabados en* -**guar** *presentan además variaciones ortográficas: (gu > gü).*

20 VERBOS REGULARES CON VARIACIONES PROSÓDICAS O DE ACENTO EN LA PENÚLTIMA SÍLABA
BAILAR (ai > ai, au > au)*

INDICATIVO

Presente	Pret. Perfecto
bailo	he bailado
bailas	has bailado
baila	ha bailado
bailamos	hemos bailado
bailáis	habéis bailado
bailan	han bailado

Pret. Imperf.	Pret. Pluscuamp.
bailaba	había bailado
bailabas	habías bailado
bailaba	había bailado
bailábamos	habíamos bailado
bailabais	habíais bailado
bailaban	habían bailado

Pret. Perf. Simp.	Pret. Anterior
bailé	hube bailado
bailaste	hubiste bailado
bailó	hubo bailado
bailamos	hubimos bailado
bailasteis	hubisteis bailado
bailaron	hubieron bailado

Futuro Imperf.	Futuro Perfecto
bailaré	habré bailado
bailarás	habrás bailado
bailará	habrá bailado
bailaremos	habremos bailado
bailaréis	habréis bailado
bailarán	habrán bailado

Condicional	Condicio. Perfecto
bailaría	habría bailado
bailarías	habrías bailado
bailaría	habría bailado
bailaríamos	habríamos bailado
bailaríais	habríais bailado
bailarían	habrían bailado

SUBJUNTIVO

Presente	Pret. Perfecto
baile	haya bailado
bailes	hayas bailado
baile	haya bailado
bailemos	hayamos bailado
baileis	hayáis bailado
bailen	hayan bailado

Pret. Imperf.	Pret. Pluscuamp.
bailara/-se	hubiera/-se bailado
bailaras/-ses	hubieras/-ses bailado
bailara/-se	hubiera/-se bailado
bailáramos/-semos	hubiéramos/-semos bailado
bailarais/-seis	hubierais/-seis bailado
bailaran/-sen	hubieran/-sen bailado

Futuro Imperf.	Futuro Perfecto
bailare	hubiere bailado
bailares	hubieres bailado
bailare	hubiere bailado
bailáremos	hubiéremos bailado
bailareis	hubiereis bailado
bailaren	hubieren bailado

IMPERATIVO

Presente
baila tú
baile él
bailemos nosotros
bailad vosotros
bailen ellos

FORMAS NO PERSONALES

Infinitivo	*Infinitivo Compuesto*
bailar	haber bailado
Gerundio	*Gerundio Compuesto*
bailando	habiendo bailado
Participio	
bailado	

* La segunda vocal del grupo "ai", "au" (causar) siempre se combina formando diptongo con la vocal precedente y no lleva tilde

21 ENRAIZAR (ai > aí, au > aú)*

INDICATIVO

Presente	Pret. Perfecto
enraízo	he enraizado
enraízas	has enraizado
enraíza	ha enraizado
enraizamos	hemos enraizado
enraizáis	habéis enraizado
enraízan	han enraizado

Pret. Imperf.	Pret. Pluscuamp.
enraizaba	había enraizado
enraizabas	habías enraizado
enraizaba	había enraizado
enraizábamos	habíamos enraiza.
enraizabais	habíais enraizado
enraizaban	habían enraizado

Pret. Perf. Simp.	Pret. Anterior
enraicé	hube enraizado
enraizaste	hubiste enraizado
enraizó	hubo enraizado
enraizamos	hubimos enraizado
enraizasteis	hubisteis enraizado
enraizaron	hubieron enraizado

Futuro Imperf.	Futuro Perfecto
enraizaré	habré enraizado
enraizarás	habrás enraizado
enraizará	habrá enraizado
enraizaremos	habremos enraiza.
enraizaréis	habréis enraizado
enraizarán	habrán enraizado

Condicional	Condicio. Perfecto
enraizaría	habría enraizado
enraizarías	habrías enraizado
enraizaría	habría enraizado
enraizaríamos	habríamos enraiz.
enraizaríais	habríais enraiza.
enraizarían	habrían enraizado

SUBJUNTIVO

Presente	Pret. Perfecto
enraíce	haya enraizado
enraíces	hayas enraizado
enraíce	haya enraizado
enraicemos	hayamos enraizado
enraicéis	hayáis enraizado
enraícen	hayan enraizado

Pret. Imperf.	Pret. Pluscuamp.
enraizara/-se	hubiera/-se enraizado
enraizaras/-ses	hubieras/-ses enraizado
enraizara/-se	hubiera/-se enraizado
enraizáramos/-semos	hubiéramos/-semos enraiz.
enraizarais/-seis	hubierais/-seis enraizado
enraizaran/-sen	hubieran/-sen enraizado

Futuro Imperf.	Futuro Perfecto
enraizare	hubiere enraizado
enraizares	hubieres enraizado
enraizare	hubiere enraizado
enraizáremos	hubiéremos enraizado
enraizareis	hubiereis enraizado
enraizaren	hubieren enraizado

IMPERATIVO

Presente

enraíza tú
enraíce él
enraicemos nosotros
enraizad vosotros
enraícen ellos

FORMAS NO PERSONALES

Infinitivo	Infinitivo Compuesto
enraizar	haber enraizado
Gerundio	*Gerundio Compuesto*
enraizando	habiendo enraizado
Participio	
enraizado	

* La segunda vocal del grupo "ai" (airar, ahijar, ahincar...), "au" (aullar) es tónica y lleva tilde en las personas **yo, tú, él, ellos** de los presentes de indicativo, subjuntivo e imperativo. En todas las demás formas del verbo, esa segunda vocal "i", "u" es átona y forma normalmente diptongo con la vocal anterior.

22 VERBOS REGULARES CON VARIACIONES PROSÓDICAS O DE ACENTO EN LA PENÚLTIMA SÍLABA
PROHIBIR (ohi > ohí)*

INDICATIVO

Presente	Pret. Perfecto
prohíbo	he prohibido
prohíbes	has prohibido
prohíbe	ha prohibido
prohibimos	hemos prohibido
prohibís	habéis prohibido
prohíben	han prohibido

Pret. Imperf.	Pret. Pluscuamp.
prohibía	había prohibido
prohibías	habías prohibido
prohibía	había prohibido
prohibíamos	habíamos prohibido
prohibíais	habíais prohibido
prohibían	habían prohibido

Pret. Perf. Simp.	Pret. Anterior
prohibí	hube prohibido
prohibiste	hubiste prohibido
prohibió	hubo prohibido
prohibimos	hubimos prohibido
prohibisteis	hubisteis prohibido
prohibieron	hubieron prohibido

Futuro Imperf.	Futuro Perfecto
prohibiré	habré prohibido
prohibirás	habrás prohibido
prohibirá	habrá prohibido
prohibiremos	habremos prohibido
prohibiréis	habréis prohibido
prohibirán	habrán prohibido

Condicional	Condicio. Perfecto
prohibiría	habría prohibido
prohibirías	habrías prohibido
prohibiría	habría prohibido
prohibiríamos	habríamos prohibido
prohibiríais	habríais prohibido
prohibirían	habrían prohibido

SUBJUNTIVO

Presente	Pret. Perfecto
prohíba	haya prohibido
prohíbas	hayas prohibido
prohíba	haya prohibido
prohibamos	hayamos prohibido
prohibáis	hayáis prohibido
prohíban	hayan prohibido

Pret. Imperf.	Pret. Pluscuamp.
prohibiera/-se	hubiera/-se prohibido
prohibieras/-ses	hubieras/-ses prohibido
prohibiera/-se	hubiera/-se prohibido
prohibiéramos/semos	hubiéramos/-semos prohib.
prohibierais/-seis	hubierais/-seis prohibido
prohibieran/-sen	hubieran/-sen prohibido

Futuro Imperf.	Futuro Perfecto
prohibiere	hubiere prohibido
prohibieres	hubieres prohibido
prohibiere	hubiere prohibido
prohibiéremos	hubiéremos prohibido
prohibiereis	hubiereis prohibido
prohibieren	hubieren prohibido

IMPERATIVO

Presente
prohíbe tú
prohíba él
prohibamos nosotros
prohibid vosotros
prohíban ellos

FORMAS NO PERSONALES

Infinitivo	Infinitivo Compuesto
prohibir	haber prohibido
Gerundio	**Gerundio Compuesto**
prohibiendo	habiendo prohibido
Participio	
prohibido	

* La segunda vocal del grupo "ohi" es tónica y lleva tilde en las personas **yo, tú, él, ellos** de los presentes de indicativo, subjuntivo e imperativo.

VERBOS REGULARES CON VARIACIONES PROSÓDICAS O DE ACENTO EN LA PENÚLTIMA SÍLABA

23 — REUNIR (eu > eú)*

INDICATIVO		SUBJUNTIVO	
Presente	*Pret. Perfecto*	*Presente*	*Pret. Perfecto*
reúno	he reunido	reúna	haya reunido
reúnes	has reunido	reúnas	hayas reunido
reúne	ha reunido	reúna	haya reunido
reunimos	hemos reunido	reunamos	hayamos reunido
reunís	habéis reunido	reunáis	hayáis reunido
reúnen	han reunido	reúnan	hayan reunido
Pret. Imperf	*Pret. Pluscuamp.*	*Pret. Imperf.*	*Pret. Pluscuamp.*
reunía	había reunido	reuniera/-se	hubiera/-se reunido
reunías	habías reunido	reunieras/-ses	hubieras/-se reunido
reunía	había reunido	reuniera/-se	hubiera/-se reunido
reuníamos	habíamos reunido	reuniéramos/-semos	hubiéramos/-semos reunid.
reuníais	habíais reunido	reunierais/-seis	hubierais/-seis reunido
reunían	habían reunido	reunieran/-sen	hubieran/-sen reunido
Pret. Perf. Simp.	*Pret. Anterior*	*Futuro Imperf.*	*Futuro Perfecto*
reuní	hube reunido	reuniere	hubiere reunido
reuniste	hubiste reunido	reunieres	hubieres reunido
reunió	hubo reunido	reuniere	hubiere reunido
reunimos	hubimos reunido	reuniéremos	hubiéremos reunido
reunisteis	hubisteis reunido	reuniereis	hubiereis reunido
reunieron	hubieron reunido	reunieren	hubieren reunido

Futuro Imperf.	*Futuro Perfecto*	IMPERATIVO
reuniré	habré reunido	*Presente*
reunirás	habrás reunido	reúne tú
reunirá	habrá reunido	reúna él
reuniremos	habremos reunido	reunamos nosotros
reuniréis	habréis reunido	reunid vosotros
reunirán	habrán reunido	reúnan ellos

Condicional	*Condicio. Perfecto*	FORMAS NO PERSONALES	
reuniría	habría reunido	*Infinitivo*	*Infinitivo Compuesto*
reunirías	habrías reunido	reunir	haber reunido
reuniría	habría reunido	*Gerundio*	*Gerundio Compuesto*
reuniríamos	habríamos reunido	reuniendo	habiendo reunido
reuniríais	habríais reunido	*Participio*	
reunirían	habrían reunido	reunido	

---

* La segunda vocal del grupo "eu" es tónica y lleva tilde en las personas **yo, tú, él, ellos** de los presentes de indicativo, subjuntivo e imperativo.

24   VERBOS DEFECTIVOS

Son los verbos que carecen de algunos tiempos o de algunas personas. Muchos de estos verbos sólo se utilizan en la tercera persona del singular y del plural y en las formas no personales: acontecer, acaecer...

Este hecho puede afectar a verbos regulares e irregulares, algunos apenas se utilizan; veamos los más frecuentes:

1º AGREDIR, TRANSGREDIR, ABOLIR, AGUERRIR, EMPEDERNIR, ARRECIRSE, ATERIRSE, EMBAÍR: Sólo se conjugan en las formas y personas cuyas desinencias empiezan por "-i".

AGUERRIR, ARRECIRSE Y ATERIRSE en la práctica apenas se usan fuera del infinitivo y del participio.

2º BALBUCIR: No se usan las formas en las que debía producirse el grupo "-zc-" (primera persona del presente de indicativo y el presente de subjuntivo completo). El gerundio y el participio se usan muy poco, se prefiere emplear el verbo "balbucear", que es regular.

3º ATAÑER: Es irregular y defectivo a la vez. Sólo se emplea en las terceras personas del singular y plural de todos los tiempos, y en el infinitivo, gerundio y participio.

4º CONCERNIR: Es irregular y defectivo a la vez. Se utiliza sólo en las terceras personas de singular y plural de cada tiempo, y en infinitivo, gerundio y participio.

5º SOLER: Es irregular y defectivo. Sólo se usa en los presentes de indicativo y subjuntivo, en los pretéritos imperfectos de indicativo y subjuntivo, en el pretérito perfecto simple y en el pretérito perfecto compuesto de indicativo. Como los demás verbos defectivos, también se emplea en las formas no personales: infinitivo, gerundio y participio.

6º ACAECER, ACONTECER...: Son irregulares y defectivos. Sólo se conjugan en las terceras personas del singular y del plural y en las formas no personales.

25 VERBOS UNIPERSONALES

En castellano hay unos cuantos verbos, que en su sentido propio sólo se utilizan en la tercera persona del singular de todos los tiempos y en las formas no personales (infinitivo, gerundio y participio).

Se trata de verbos que, por su significado, suelen recibir el nombre de "verbos de fenómeno meteorológico":

Llover	Diluviar
Tronar	Escampar
Nevar	Escarchar
Amanecer	Granizar
Alborear	Lloviznar
Clarear	Relampaguear
Chaparrear	Ventear
Helar	Ventisquear
Chispear	Oscurecer

En sentido figurado pueden utilizarse en otras personas: **amanecí en el suelo.**

Por emplearse sólo en la tercera persona del singular, a estos verbos se los ha llamado "unipersonales".

Además de estos verbos de "fenómeno meteorológico", hay en castellano otros verbos **(haber, hacer, ser)** con usos unipersonales: **hay sillas, es tarde, hace frío.**

26 IR

INDICATIVO

Presente	Pret. perfecto
voy	he ido
vas	has ido
va	ha ido
vamos	hemos ido
vais	habéis ido
van	han ido

Pret. Imperf.	Pret. Pluscuamp.
iba	había ido
ibas	habías ido
iba	había ido
íbamos	habíamos ido
íbais	habías ido
iban	habían ido

Pret Simple	Pret. Anterior
fui	hube ido
fuiste	hubiste ido
fue	hubo ido
fuimos	hubimos ido
fuisteis	hubisteis ido
fueron	hubieron ido

Futuro Imperf.	Futuro Perfecto
iré	habré ido
irás	habrás ido
irá	habrá ido
iremos	habremos ido
iréis	habréis ido
irán	habrán ido

Condicional	Condicio. Perfecto
iría	habría ido
irías	habrías ido
iría	habría ido
iríamos	habríamos ido
iríais	habríais ido
irían	habrían ido

SUBJUNTIVO

Presente	Pret. perfecto
vaya	haya ido
vayas	hayas ido
vaya	haya ido
vayamos	hayamos ido
vayamos	hayáis ido
vayáis	hayan ido

Pret. Imperf.	Pret. Pluscuamp.
fuera/-se	hubiera/-se ido
fueras/-ses	hubieras/-ses ido
fuera/-se	hubiera/-se ido
fuéramos/-semos	hubiéramos/-semos ido
fuerais/seis	hubierais/seis ido
fueran/-sen	hubieran/sen-ido

Futuro Imperf.	Futuro Perfecto
fuere	hubiere ido
fueres	hubieres ido
fuere	hubiere ido
fuéremos	hubiéremos ido
fuereis	hubiereis ido
fueren	hubieren ido

IMPERATIVO

Presente
ve tú
vaya él
vayamos nosotros
id vosotros
vayan ellos

FORMAS NO PERSONALES

Infinitivo	Infinitivo Compuesto
ir	haber ido
Gerundio	Gerundio Compuesto
yendo	habiendo ido
Participio	
ido	

27

PODER

INDICATIVO

Presente	Pret. Perfecto
puedo	he podido
puedes	has podido
puede	ha podido
podemos	hemos podido
podéis	habéis podido
pueden	han podido

Pret. Imperfec.	Pret. Pluscuamp.
podía	había podido
podías	habías podido
podía	había podido
podíamos	habíamos podido
podíais	habíais podido
podían	habían podido

Pret. Perf. Simp.	Pret. Anterior
pude	hube podido
pudiste	hubiste podido
pudo	hubo podido
pudimos	hubimos podido
pudisteis	hubisteis podido
pudieron	hubieron podido

Futuro Imperf.	Futuro Perfecto
podré	habré podido
podrás	habrás podido
podrá	habrá podido
podremos	habremos podido
podréis	habréis podido
podrán	habrán podido

Condicional	Condicio. Perfecto
podría	habría podido
podrías	habrías podido
podría	habría podido
podríamos	habríamos podido
podríais	habríais podido
podrían	habrían podido

SUBJUNTIVO

Presente	Pret. Perfecto
pueda	haya podido
puedas	hayas podido
pueda	haya podido
podamos	hayamos podido
podáis	hayáis podido
puedan	hayan podido

Pret. Imperf.	Pret. Pluscuamp.
pudiera/-se	hubiera/-se podido
pudieras/-ses	hubieras/-ses podido
pudiera/-se	hubiera/-se podido
pudiéramos/-semos	hubiéramos/-semos podido
pudierais/-seis	hubierais/-seis podido
pudieran/-sen	hubieran/-sen podido

Futuro Imperf.	Futuro Perfecto
pudiere	hubiere podido
pudieres	hubieres podido
pudiere	hubiere podido
pudiéremos	hubiéremos podido
pudiereis	hubiereis podido
pudieren	hubieren podido

IMPERATIVO

Presente
puede tú
pueda él
podamos nosotros
poded vosotros
puedan ellos

FORMAS NO PERSONALES

Infinitivo	Infinitivo Compuesto
poder	haber podido
Gerundio	*Gerundio Compuesto*
pudiendo	habiendo podido
Participio	
podido	

HACER *

28

INDICATIVO

Presente
hago
haces
hace
hacemos
hacéis
hacen

Pret. Perfecto
he hecho
has hecho
ha hecho
hemos hecho
habéis hecho
han hecho

Pret. Imperf.
hacía
hacías
hacía
hacíamos
hacíais
hacían

Pret. Pluscuamp.
había hecho
habías hecho
había hecho
habíamos hecho
habíais hecho
habían hecho

Pret. Perf. Simp.
hice
hiciste
hizo
hicimos
hicisteis
hicieron

Pret. Anterior
hube hecho
hubiste hecho
hubo hecho
hubimos hecho
hubisteis hecho
hubieron hecho

Futuro Imperf.
haré
harás
hará
haremos
haréis
harán

Futuro Perfecto
habré hecho
habrás hecho
habrá hecho
habremos hecho
habréis hecho
habrán hecho

Condicional
haría
harías
haría
haríamos
haríais
harían

Condicio. Perfecto
habría hecho
habrías hecho
habría hecho
habríamos hecho
habríais hecho
habrían hecho

SUBJUNTIVO

Presente
haga
hagas
haga
hagamos
hagáis
hagan

Pret. Perfecto
haya hecho
hayas hecho
haya hecho
hayamos hecho
hayáis hecho
hayan hecho

Pret. Imperf.
hiciera/-se
hicieras/-ses
hiciera/-se
hiciéramos/-semos
hicierais/-seis
hicieran/-sen

Pret. Pluscuamp.
hubiera/-se hecho
hubieras/-ses hecho
hubiera/-se hecho
hubiéramos/-semos hecho
hubierais/-seis hecho
hubieran/-sen hecho

Futuro Imperf.
hiciere
hicieres
hiciere
hiciéremos
hiciereis
hicieren

Futuro Perfecto
hubiere hecho
hubieres hecho
hubiere hecho
hubiéremos hecho
hubiereis hecho
hubieren hecho

IMPERATIVO

Presente
haz tú
haga él
hagamos nosotros
haced vosotros
hagan ellos

FORMAS NO PERSONALES

Infinitivo
hacer
Gerundio
haciendo
Participio
hecho

Infinitivo Compuesto
haber hecho
Gerundio Compuesto
habiendo hecho

---

* **Satisfacer** se conjuga como **hacer**, conservando siempre la "f", deben evitarse las formas vulgares que con frecuencia aparecen en los medios de comunicación: **satisfacieron, satisfaciera, satisfacería,...** (incorrecto), por **satisficieron, satisficiera, satisfaría,...** (correcto). Tiene dos imperativos: **satisfaz/satisface**

29 CABER

INDICATIVO		SUBJUNTIVO	

Presente	*Pret. Perfecto*	*Presente*	*Pret. Perfecto*
quepo	he cabido	quepa	haya cabido
cabes	has cabido	quepas	hayas cabido
cabe	ha cabido	quepa	haya cabido
cabemos	hemos cabido	quepamos	hayamos cabido
cabéis	habéis cabido	quepáis	hayáis cabido
caben	han cabido	quepan	hayan cabido

Pret. Imperf.	*Pret. Pluscuamp.*	*Pret. Imperf.*	*Pret. Pluscuamperfecto*
cabía	había cabido	cupiera/-se	hubiera/-se cabido
cabías	habías cabido	cupieras/-ses	hubieras/-ses cabido
cabía	había cabido	cupiera/se	hubiera/se cabido
cabíamos	habíamos cabido	cupiéramos/-semos	hubiéramos/-semos cabido
cabíais	habíais cabido	cupierais/seis	hubierais/seis cabido
cabían	habían cabido	cupieran/-sen	hubieran/-sen cabido

Pret. Perf. Simp.	*Pret. Anterior*	*Futuro Imperf.*	*Futuro Perfecto*
cupe	hube cabido	cupiere	hubiere cabido
cupiste	hubiste cabido	cupieres	hubieres cabido
cupo	hubo cabido	cupiere	hubiere cabido
cupimos	hubimos cabido	cupiéremos	hubiéremos cabido
cupisteis	hubisteis cabido	cupiereis	hubiereis cabido
cupieron	hubieron cabido	cupieren	hubieren cabido

Futuro Imperf.	*Futuro Perfecto*	IMPERATIVO
cabré	habré cabido	*Presente*
cabrás	habrás cabido	cabe tú
cabrá	habrá cabido	quepa él
cabremos	habremos cabido	quepamos nosotros
cabréis	habréis cabido	cabed vosotros
cabrán	habrán cabido	quepan ellos

Condicional	*Condicio. Perfecto*	FORMAS NO PERSONALES	
cabría	habría cabido	*Infinitivo*	*Infinitivo Compuesto*
cabrías	habrías cabido	caber	haber cabido
cabría	habria cabido	*Gerundio*	*Gerundio Compuesto*
cabríamos	habríamos cabido	cabiendo	habiendo cabido
cabríais	habríais cabido	*Participio*	
cabrían	habrían cabido	cabido	

30 OÍR

INDICATIVO

Presente	Pret. Perfecto
oigo	he oído
oyes	has oído
oye	ha oído
oímos	hemos oído
oís	habéis oído
oyen	han oído

Pret. Imperf.	Pret. Pluscuamp.
oía	había oído
oías	habías oído
oía	había oído
oíamos	habíamos oído
oíais	habíais oído
oían	habían oído

Pret. Perf. Simp.	Pret. Anterior
oí	hube oído
oíste	hubiste oído
oyó	hubo oído
oímos	hubimos oído
oísteis	hubisteis oído
oyeron	hubieron oído

Futuro Imperf.	Futuro Perfecto
oiré	habré oído
oirás	habrás oído
oirá	habrá oído
oiremos	habremos oído
oiréis	habréis oído
oirán	habrán oído

Condicional	Condicio. Perfecto
oiría	habría oído
oirías	habrías oído
oiría	habría oído
oiríamos	habríamos oído
oiríais	habríais oído
oirían	habrían oído

SUBJUNTIVO

Presente	Pret. Perfecto
oiga	haya oído
oigas	hayas oído
oiga	haya oído
oigamos	hayamos oído
oigáis	hayáis oído
oigan	hayan oído

Pret. Imperf.	Pret. Pluscuamp.
oyera/-se	hubiera/-se oído
oyera/-ses	hubieras/-ses oído
oyera/-se	hubiera/-se oído
oyéramos/-semos	hubiéramos/-semos oído
oyerais/-seis	hubierais/-seis oído
oyeran/-sen	hubieran/sen oído

Futuro Imperf.	Futuro Perfecto
oyere	hubiere oído
oyeres	hubieres oído
oyere	hubiere oído
oyeremos	hubiéremos oído
oyereis	hubiereis oído
oyeren	hubieren oído

IMPERATIVO

Presente

oye tú
oiga él
oigamos nosotros
oid vosotros
oigan ellos

FORMAS NO PERSONALES

Infinitivo	*Infinitivo Compuesto*
oir	haber oído
Gerundio	*Gerundio Compuesto*
oyendo	habiendo oído
Participio	
oído	

31   DECIR

INDICATIVO		SUBJUNTIVO	
Presente	*Pret. Perfecto*	*Presente*	*Pret. Perfecto*
digo	he dicho	diga	haya dicho
dices	has dicho	digas	hayas dicho
dice	ha dicho	diga	haya dicho
decimos	hemos dicho	digamos	hayamos dicho
decís	habéis dicho	digáis	hayáis dicho
dicen	han dicho	digan	hayan dicho
Pret Imperf.	*Pret. Pluscuamp.*	*Pret. Imperf.*	*Pret. Pluscuamp.*
decía	había dicho	dijera/-se	hubiera/-se dicho
decías	habías dicho	dijeras/-ses	hubieras/-ses dicho
decía	había dicho	dijera/-se	hubiera/-se dicho
decíamos	habíamos dicho	dijéramos/-semos	hubiéramos/-semos dicho
decíais	habíais dicho	dijerais/-seis	hubierais/-seis dicho
decían	habían dicho	dijeran/-sen	hubieran/-sen dicho
Pret. Perf. Simp.	*Pret. Anterior*	*Futuro Imperf.*	*Futuro Perfecto*
dije	hube dicho	dijere	hubiere dicho
dijiste	hubiste dicho	dijeres	hubieres dicho
dijo	hubo dicho	dijere	hubiere dicho
dijimos	hubimos dicho	dijéremos	hubiéremos dicho
dijisteis	hubisteis dicho	dijereis	hubiereis dicho
dijeron	hubieron dicho	dijeren	hubieren dicho

Futuro	*Futuro Perfecto*
diré	habré dicho
dirás	habrás dicho
dirá	habrá dicho
diremos	habremos dicho
diréis	habréis dicho
dirán	habrán dicho

IMPERATIVO

Presente
di tú
diga él
digamos nosotros
decid vosotros
digan ellos

Condicional	*Condicio. Perfecto*
diría	habría dicho
dirías	habrías dicho
diría	habría dicho
diríamos	habríamos dicho
diríais	habríais dicho
dirían	habrían dicho

FORMAS NO PERSONALES

Infinitivo	*Infinitivo Compuesto*
decir	haber dicho
Gerundio	*Gerundio Compuesto*
diciendo	habiendo dicho
Participio	
dicho	

32 VALER

INDICATIVO

Presente	Pret. Perfecto
valgo	he valido
vales	has valido
vale	ha valido
valemos	hemos valido
valéis	habéis valido
valen	han valido

Pret. Imperf.	Pret. Pluscuamp.
valía	había valido
valías	habías valido
valía	había valido
valíamos	habíamos valido
valíais	habíais valido
valían	habían valido

Pret. Perf. Simp.	Pret. Anterior
valí	hube valido
valiste	hubiste valido
valió	hubo valido
valimos	hubimos valido
valisteis	hubisteis valido
valieron	hubieron valido

Futuro Imperf.	Futuro Perfecto
valdré	habré valido
valdrás	habrás valido
valdrá	habrá valido
valdremos	habremos valido
valdréis	habréis valido
valdrán	habrán valido

Condicional	Condicio. Perfecto
valdría	habría valido
valdrías	habrías valido
valdría	habría valido
valdríamos	habríamos valido
valdríais	habríais valido
valdría	habrían valido

SUBJUNTIVO

Presente	Pret. Perfecto
valga	haya valido
valgas	hayas valido
valga	haya valido
valgamos	hayamos valido
valgáis	hayáis valido
valgan	hayan valido

Pret. Imperf.	Pret. Pluscuamp.
valiera/ se	hubiera/-se valido
valieras/-ses	hubieras/-ses valido
valiera/-se	hubiera/-se valido
valiéramos/-semos	hubiéramos/-semos valido
valierais/-seis	hubierais/-seis valido
valieran/-sen	hubieran/-sen valido

Futuro Imperf.	Futuro Perfecto
valiere	hubiere valido
valieres	hubieres valido
valiere	hubiere valido
valiéremos	hubiéremos valido
valiereis	hubiereis valido
valieren	hubieren valido

IMPERATIVO

Presente

vale tú
valga él
valgamos nosotros
valed vosotros
valgan ellos

FORMAS NO PERSONALES

Infinitivo	Infinitivo Compuesto
valer	haber valido
Gerundio	Gerundio Compuesto
valiendo	habiendo valido
Participio	
valido	

33 SABER

INDICATIVO		SUBJUNTIVO	
Presente	*Pret. Perfecto*	*Presente*	*Pret. Perfecto*
sé	he sabido	sepa	haya sabido
sabes	has sabido	sepas	hayas sabido
sabe	ha sabido	sepa	haya sabido
sabemos	hemos sabido	sepamos	hayamos sabido
sabéis	habéis sabido	sepáis	hayáis sabido
saben	han sabido	sepan	hayan sabido
Pret. Imperf.	*Pret. Pluscuamp.*	*Pret. Imperf.*	*Pret. Pluscuamp.*
sabía	había sabido	supiera/-se	hubiera/-se sabido
sabías	habías sabido	supieras/-ses	hubieras/-ses sabido
sabía	había sabido	supiera/-se	hubiera/-se sabido
sabíamos	habíamos sabido	supiéramos/-semos	hubiéramos/-semos sabido
sabíais	habíais sabido	supierais/-seis	hubierais/-seis sabido
sabían	habían sabido	supieran/-sen	hubieran/-sen sabido
Pret. Perf. Simp.	*Pret. Anterior*	*Futuro Imperf.*	*Futuro Perfecto*
supe	hube sabido	supiere	hubiere sabido
supiste	hubiste sabido	supieres	hubieres sabido
supo	hubo sabido	supiere	hubiere sabido
supimos	hubimos sabido	supiéremos	hubiéremos sabido
supisteis	hubisteis sabido	supiereis	hubiereis sabido
supieron	hubieron sabido	supieren	hubieren sabido

Futuro Imperf.	*Futuro Perfecto*
sabré	habré sabido
sabrás	habrás sabido
sabrá	habrá sabido
sabremos	habremos sabido
sabréis	habréis sabido
sabrán	habrán sabido

IMPERATIVO

Presente
sabe tú
sepa él
sepamos nosotros
sabed vosotros
sepan ellos

Condicional	*Condicio. Perfecto*
sabría	habría sabido
sabrías	habrías sabido
sabría	habría sabido
sabríamos	habríamos sabido
sabríais	habríais sabido
sabrían	habrían sabido

FORMAS NO PERSONALES

Infinitivo	*Infinitivo Compuesto*
saber	haber sabido
Gerundio	*Gerundio Compuesto*
sabiendo	habiendo sabido
Participio	
sabido	

34   CAER

INDICATIVO

Presente	Pret. Perfecto
caigo	he caído
caes	has caído
cae	ha caído
caemos	hemos caído
caéis	habéis caído
caen	han caído

Pret. Imperf.	Pret. Pluscuamp.
caía	había caído
caías	habías caído
caía	había caído
caíamos	habíamos caído
caíais	habíais caído
caían	habían caído

Pret. Perf. Simp.	Pret. Anterior
caí	hube caído
caíste	hubiste caído
cayó	hubo caído
caímos	hubimos caído
caísteis	hubisteis caído
cayeron	hubieron caído

Futuro Imperf.	Futuro Perfecto
caeré	habré caído
caerás	habrás caído
caerá	habrá caído
caeremos	habremos caído
caeréis	habréis caído
caerán	habrán caído

Condicional	Condicio. Perfecto
caería	habría caído
caerías	habrías caído
caería	habría caído
caeríamos	habríamos caído
caeríais	habríais caído
caerían	habrían caído

SUBJUNTIVO

Presente	Pret. Perfecto
caiga	haya caído
caigas	hayas caído
caiga	haya caído
caigamos	hayamos caído
caigáis	hayáis caído
caigan	hayan caído

Pret. Imperf.	Pret. Pluscuamp.
cayera/-se	hubiera/-se caído
cayeras/-ses	hubieras/-ses caído
cayera/-se	hubiera/-se caído
cayéramos/-semos	hubiéremos/-semos caído
cayerais/-seis	hubierais/-seis caído
cayeran/-sen	hubieran/-sen caído

Futuro Imperf.	Futuro Perfecto
cayere	hubiere caído
cayeres	hubieres caído
cayere	hubiere caído
cayéremos	hubiéremos caído
cayereis	hubiereis caído
cayeren	hubieren caído

IMPERATIVO

Presente

cae tú
caiga él
caigamos nosotros
caed vosotros
caigan ellos

FORMAS NO PERSONALES

Infinitivo	Infinitivo Compuesto
caer	haber caído
Gerundio	*Gerundio Compuesto*
cayendo	habiendo caído
Participio	
caído	

35 TRAER

INDICATIVO

Presente	Pret. Perfecto
traigo	he traído
traes	has traído
trae	ha traído
traemos	hemos traído
traéis	habéis traído
traen	han traído

Pret. Imperf.	Pret. Pluscuamp.
traía	había traído
traías	habías traído
traía	había traído
traíamos	habíamos traído
traíais	habíais traído
traían	habían traído

Pret. Perf. Simp.	Pret. Anterior
traje	hube traído
trajiste	hubiste traído
trajo	hubo traído
trajimos	hubieron traído
trajisteis	hubisteis traído
trajeron	hubieron traído

Futuro Imperf.	Futuro Perfecto
traeré	habré traído
traerás	habrás traído
traerá	habrá traído
traeremos	habremos traído
traeréis	habréis traído
traerán	habrán traído

Condicional	Condicio. Perfecto
traería	habría traído
traerías	habrías traído
traería	habría traído
traeríamos	habríamos traído
traeríais	habríais traído
traerían	habrían traído

SUBJUNTIVO

Presente	Pret. Perfecto
traiga	haya traído
traigas	hayas traído
traiga	haya traído
traigamos	hayamos traído
traigáis	hayáis traído
traigan	hayan traído

Pret. Imperf.	Pret. Pluscuamp.
trajera/-se	hubiera/-se traído
trajeras/-ses	hubieras/-ses traído
trajera/-se	hubiera/-se traído
trajéramos/-semos	hubiéramos/-semos traído
trajerais/-seis	hubierais/-seis traído
trajeran/-sen	hubieran/-sen traído

Futuro Imperf.	Futuro Perfecto
trajere	hubiere traído
trajeres	hubieres traído
trajere	hubiere traído
trajéremos	hubiéremos traído
trajereis	hubiereis traído
trajeren	hubieren traído

IMPERATIVO

Presente
trae tú
traiga él
traigamos nosotros
traed vosotros
traigan ellos

FORMAS NO PERSONALES

Infinitivo	*Infinitivo Compuesto*
traer	haber traído
Gerundio	*Gerundio Compuesto*
trayendo	habiendo traído
Participio	
traído	

36   VER

INDICATIVO		SUBJUNTIVO	
Presente	*Pret. Perfecto*	*Presente*	*Pret. Perfecto*
veo	he visto	vea	haya visto
ves	has visto	veas	hayas visto
ve	ha visto	vea	haya visto
vemos	hemos visto	veamos	hayamos visto
veis	habías visto	veáis	hayáis visto
ven	han visto	vean	hayan visto
Pret. Imperf.	*Pret. Pluscuamp.*	*Pret. Imperf.*	*Pret. Pluscuamp.*
veía	había visto	**viera**/-se	hubiera/-se visto
veías	habías visto	**vieras**/-ses	hubieras/-ses visto
veía	había visto	**viera**/-se	hubiera/-se visto
veíamos	habíamos visto	**viéramos**/-semos	hubiéramos/-semos visto
veíais	habíais visto	**vierais**/-seis	hubierais/-seis visto
veían	habían visto	**vieran**/-sen	hubieran/-sen visto
Pret. Perf. Simp.	*Pret. Anterior*	*Futuro Imperf.*	*Futuro Perfecto*
vi	hube visto	**viere**	hubiere visto
viste	hubiste visto	**vieres**	hubieres visto
vio	hubo visto	**viere**	hubiere visto
vimos	hubimos visto	**viéremos**	hubiéremos visto
visteis	hubisteis visto	**viereis**	hubiereis visto
vieron	hubieron visto	**vieren**	hubieren visto

Futuro Imperf.	*Futuro Perfecto*
veré	habré visto
verás	habrás visto
verá	habrá visto
veremos	habremos visto
veréis	habréis visto
verán	habrán visto

IMPERATIVO

Presente
ve tú
vea él
veamos nosotros
ved vosotros
vean ellos

Condicional	*Condicio. Perfecto*
vería	habría visto
verías	habrías visto
vería	habría visto
veríamos	habríamos visto
veríais	habríais visto
verían	habrían visto

FORMAS NO PERSONALES

Infinitivo	*Infinitivo Compuesto*
ver	haber visto
Gerundio	*Gerundio Compuesto*
viendo	habiendo visto
Participio	
visto	

37 DAR

INDICATIVO

Presente	Pret. Perfecto
doy	he dado
das	has dado
da	ha dado
damos	hemos dado
dais	habéis dado
dan	han dado

Pret. Imperf.	Pret. Pluscuamp.
daba	había dado
dabas	habías dado
daba	había dado
dábamos	habíamos dado
dabais	habíais dado
daban	habían dado

Pret. Perf. Simp.	Pret. Anterior
di	hube dado
diste	hubiste dado
dio	hubo dado
dimos	hubimos dado
disteis	hubisteis dado
dieron	hubieron dado

Futuro Imperf.	Futuro Perfecto
daré	habré dado
darás	habrás dado
dará	habrá dado
daremos	habremos dado
daréis	habréis dado
darán	habrán dado

Condicional	Condicio. Perfecto
daría	habría dado
darías	habrías dado
daría	habría dado
daríamos	habríamos dado
daríais	habríais dado
darían	habrían dado

SUBJUNTIVO

Presente	Pret. Perfecto
dé	haya dado
des	hayas dado
dé	haya dado
demos	hayamos dado
deis	hayáis dado
den	hayan dado

Pret. Imperf.	Pret. Pluscuamp.
diera/-se	hubiera/-se dado
dieras/-ses	hubieras/-ses dado
diera/-se	hubiera/-se dado
diéramos/-semos	hubiéramos/-semos dado
dierais/-seis	hubierais/-seis dado
dieran/-sen	hubieran/-sen dado

Futuro Imperf.	Futuro Perfecto
diere	hubiere dado
dieres	hubieres dado
diere	hubiere dado
diéremos	hubiéremos dado
diereis	hubiereis dado
dieren	hubieren dado

IMPERATIVO

Presente
da tú
dé él
demos nosotros
dad vosotros
den ellos

FORMAS NO PERSONALES

Infinitivo	Infinitivo Compuesto
dar	haber dado
Gerundio	*Gerundio Compuesto*
dando	habiendo dado
Participio	
dado	

38 POSEER

INDICATIVO

Presente	Pret. Perfecto
poseo	he poseído
posees	has poseído
posee	ha poseído
poseemos	hemos poseído
poseéis	habéis poseído
poseen	han poseído

Pret. Imperfec.	Pret. Pluscuamp.
poseía	había poseído
poseías	habías poseído
poseía	había poseído
poseíamos	habíamos poseído
poseíais	habíais poseído
poseían	habían poseído

Pret. Perf. Simp.	Pret. Anterior
poseí	hube poseído
poseíste	hubiste poseído
poseyó	hubo poseído
poseímos	hubimos poseído
poseísteis	hubisteis poseído
poseyeron	hubieron poseído

Futuro Imperf.	Futuro Perfecto
poseeré	habré poseído
poseerás	habrás poseído
poseerá	habrá poseído
poseeremos	habremos poseído
poseeréis	habréis poseído
poseerán	habrán poseído

Condicional	Condicio. Perfecto
poseería	habría poseído
poseerías	habrías poseído
poseería	habría poseído
poseeríamos	habríamos poseído
poseeríais	habríais poseído
poseerían	habrían poseído

SUBJUNTIVO

Presente	Pret. Perfecto
posea	haya poseído
poseas	hayas poseído
posea	haya poseído
poseamos	hayamos poseído
poseáis	hayáis poseído
posean	hayan poseído

Pret. Imperf.	Pret. Pluscuamp.
poseyera/-se	hubiera/-se poseído
poseyeras/-ses	hubieras/-ses poseído
poseyera/-se	hubiera/-se poseído
poseyéramos/-semos	hubiéramos/-semos poseíd.
poseyerais/-seis	hubierais/-seis poseído
poseyeran/-sen	hubieran/-sen poseído

Futuro Imperf.	Futuro Perfecto
poseyere	hubiere poseído
poseyeres	hubieres poseído
poseyere	hubiere poseído
poseyéremos	hubiéremos poseído
poseyereis	hubiereis poseído
poseyeren	hubieren poseído

IMPERATIVO

Presente
posee tú
posea él
poseamos nosotros
poseed vosotros
posean ellos

FORMAS NO PERSONALES

Infinitivo	Infinitivo Compuesto
poseer	haber poseído
Gerundio	*Gerundio Compuesto*
poseyendo	habiendo poseído
Participio	
poseído	

39 ANDAR

INDICATIVO

Presente	*Pret. Perfecto*
ando	he andado
andas	has andado
anda	ha andado
andamos	hemos andado
andáis	habéis andado
andan	han andado

Pret. Imperf.	*Pret. Pluscuamp.*
andaba	había andado
andabas	habías andado
andaba	había andado
andábamos	habíamos andado
andabais	habíais andado
andaban	habían andado

Pret. Perf. Simp.	*Pret. Anterior*
anduve	hube andado
anduviste	hubiste andado
anduvo	hubo andado
anduvimos	hubimos andado
anduvisteis	hubisteis andado
anduvieron	hubieron andado

Futuro Imperf.	*Futuro Perfecto*
andaré	habré andado
andarás	habrás andado
andará	habrá andado
andaremos	habremos andado
andaréis	habréis andado
andarán	habrán andado

Condicional	*Condicio. Perfecto*
andaría	habría andado
andarías	habrías andado
andaría	habría andado
andaríamos	habríamos andado
andaríais	habríais andado
andarían	habrían andado

SUBJUNTIVO

Presente	*Pret. Perfecto*
ande	haya andado
andes	hayas andado
ande	haya andado
andemos	hayamos andado
andéis	hayáis andado
anden	hayan andado

Pret. Imperf.	*Pret. Pluscuamp.*
anduviera/-se	hubiera/-se andado
anduvieras/-ses	hubieras/-ses andado
anduviera/-se	hubiera/-se andado
anduviéramos/-semos	hubiéramos/-semos andado
anduvierais/-seis	hubierais/-seis andado
anduvieran/-sen	hubieran/-sen andado

Futuro Imperf.	*Futuro Perfecto*
anduviere	hubiere andado
anduvieres	hubieres andado
anduviere	hubiere andado
anduviéremos	hubiéremos andado
anduviereis	hubiereis andado
anduvieren	hubieren andado

IMPERATIVO

Presente

anda tú
ande él
andemos nosotros
andad vosotros
anden ellos

FORMAS NO PERSONALES

Infinitivo	*Infinitivo Compuesto*
andar	haber andado
Gerundio	*Gerundio Compuesto*
andando	habiendo andado
Participio	
andado	

40   REÍR

INDICATIVO

Presente	Pret. Perfecto
río	he reído
ríes	has reído
ríe	ha reído
reímos	hemos reído
reís	habéis reído
ríen	han reído

Pret. Imperf.	Pret. Pluscuamp.
reía	había reído
reías	habías reído
reía	había reído
reíamos	habíamos reído
reíais	habíais reído
reían	habían reído

Pret. Perf. Simp.	Pret. Anterior
reí	hube reído
reíste	hubiste reído
rió	hubo reído
reímos	hubimos reído
reísteis	hubisteis reído
rieron	hubieron reído

Futuro Imperf.	Futuro Perfecto
reiré	habré reído
reirás	habrás reído
reirá	habrá reído
reiremos	habremos reído
reiréis	habréis reído
reirán	habrán reído

Condicional	Condicio. Perfecto
reiría	habría reído
reirías	habrías reído
reiría	habría reído
reiríamos	habríamos reído
reiríais	habríais reído
reirían	habrían reído

SUBJUNTIVO

Presente	Pret. Perfecto
ría	haya reído
rías	hayas reído
ría	haya reído
riamos	hayamos reído
riáis	hayáis reído
rían	hayan reído

Pret. Imperf.	Pret. Pluscuamp.
riera/-se	hubiera/-se reído
rieras/-ses	hubieras/-ses reído
riera/-se	hubiera/-se reído
riéramos/-semos	hubiéramos/-semos reído
rierais/-seis	hubierais/-seis reído
rieran/-sen	hubieran/-sen reído

Futuro Imperf.	Futuro Perfecto
riere	hubiere reído
rieres	hubieres reído
riere	hubiere reído
riéremos	hubiéremos reído
riereis	hubiereis reído
rieren	hubieren reído

IMPERATIVO

Presente
ríe tú
ría él
riamos nosotros
reíd vosotros
rían ellos

FORMAS NO PERSONALES

Infinitivo	Infinitivo Compuesto
reír	haber reído
Gerundio	Gerundio Compuesto
riendo	habiendo reído
Participio	
reído	

41 QUERER

INDICATIVO

Presente	*Pret. Perfecto*
quiero	he querido
quieres	has querido
quiere	ha querido
queremos	hemos querido
queréis	habéis querido
quieren	han querido

Pret. Imperf.	*Pret. Pluscuamp.*
quería	había querido
querías	habías querido
quería	había querido
queríamos	habíamos querido
queríais	habíais querido
querían	habían querido

Pret. Perf. Simp.	*Pret. Anterior*
quise	hube querido
quisiste	hubiste querido
quiso	hubo querido
quisimos	hubimos querido
quisisteis	hubisteis querido
quisieron	hubieron querido

Futuro Imperf.	*Futuro Perfecto*
querré	habré querido
querrás	habrás querido
querrá	habrá querido
querremos	habremos querido
querréis	habréis querido
querrán	habrán querido

Condicional	*Condicio. Perfecto*
querría	habría querido
querrías	habrías querido
querría	habría querido
querríamos	habríamos querido
querríais	habríais querido
querrían	habrían querido

SUBJUNTIVO

Presente	*Pret. Perfecto*
quiera	haya querido
quieras	hayas querido
quiera	haya querido
queramos	hayamos querido
queráis	hayáis querido
quieran	hayan querido

Pret. Imperf.	*Pret. Pluscuamp.*
quisiera/-se	hubiera/-se querido
quisieras/-ses	hubieras/-ses querido
quisiera/-se	hubiera/-se querido
quisiéramos/-semos	hubiéramos/-semos querido
quisierais/-seis/	hubierais/-seis querido
quisieran/-sen	hubieran/-sen querido

Futuro Imperf.	*Futuro Perfecto*
quisiere	hubiere querido
quisieres	hubieres querido
quisiere	hubiere querido
quisiéremos	hubiéremos querido
quisiereis	hubiereis querido
quisieren	hubieren querido

IMPERATIVO

Presente
quiere tú
quiera él
queramos nosotros
quered vosotros
quieran ellos

FORMAS NO PERSONALES

Infinitivo	*Infinitivo Compuesto*
querer	haber querido
Gerundio	*Gerundio Compuesto*
queriendo	habiendo querido
Participio	
querido	

42 PERDER

INDICATIVO		SUBJUNTIVO	
Presente	*Pret. Perfecto*	*Presente*	*Pret. Perfecto*
pierdo	he perdido	pierda	haya perdido
pierdes	has perdido	pierdas	hayas perdido
pierde	ha perdido	pierda	haya perdido
perdemos	hemos perdido	perdamos	hayamos perdido
perdéis	habéis perdido	perdáis	hayáis perdido
pierden	han perdido	pierdan	hayan perdido
Pret. Imperf.	*Pret. Pluscuamp.*	*Pret. Imperf.*	*Pret. Pluscuamp.*
perdía	había perdido	perdiera/-se	hubiera/-se perdido
perdías	habías perdido	perdieras/-ses	hubieras/-ses perdido
perdía	había perdido	perdiera/-se	hubiera/-se perdido
perdíamos	habíamos perdido	perdiéramos/-semos	hubiéramos/-semos perdido
perdíais	habíais perdido	perdierais/-seis	hubierais/-seis perdido
perdían	habían perdido	perdieran/-sen	hubieran/-sen perdido
Pret. Perf. Simp.	*Pret. Anterior*	*Futuro Imperf.*	*Futuro Perfecto*
perdí	hube perdido	perdiere	hubiere perdido
perdiste	hubiste perdido	perdieres	hubieres perdido
perdió	hubo perdido	perdiere	hubiere perdido
perdimos	hubimos perdido	perdiéremos	hubiéremos perdido
perdisteis	hubisteis perdido	perdiereis	hubiereis perdido
perdieron	hubieron perdido	perdieren	hubieren perdido

Futuro Imperf.	*Futuro Perfecto*
perderé	habré perdido
perderás	habrás perdido
perderá	habrá perdido
perderemos	habremos perdido
perderéis	habréis perdido
perderán	habrán perdido

IMPERATIVO

Presente
pierde tú
pierda él
perdamos nosotros
perded vosotros
pierdan ellos

Condicional	*Condicio. Perfecto*
perdería	habría perdido
perderías	habrías perdido
perdería	habría perdido
perderíamos	habríamos perdido
perderíais	habríais perdido
perderían	habrían perdido

FORMAS NO PERSONALES

Infinitivo	*Infinitivo Compuesto*
perder	haber perdido
Gerundio	*Gerundio Compuesto*
perdiendo	habiendo perdido
Participio	
perdido	

43 TENER

INDICATIVO

Presente	Pret. Perfecto
tengo	he tenido
tienes	has tenido
tiene	ha tenido
tenemos	hemos tenido
tenéis	habéis tenido
tienen	han tenido

Pret. Imperf.	Pret. Pluscuamp.
tenía	había tenido
tenías	habías tenido
tenía	había tenido
teníamos	habíamos tenido
teníais	habíais tenido
tenían	habían tenido

Pret. Perf. Simp.	Pret. Anterior
tuve	hube tenido
tuviste	hubiste tenido
tuvo	hubo tenido
tuvimos	hubimos tenido
tuvisteis	hubisteis tenido
tuvieron	hubieron tenido

Futuro Imperf.	Futuro Perfecto
tendré	habré tenido
tendrás	habrás tenido
tendrá	habrá tenido
tendremos	habremos tenido
tendréis	habréis tenido
tendrán	habrán tenido

Condicional	Condicio. Perfecto
tendría	habría tenido
tendrías	habrías tenido
tendría	había tenido
tendríamos	habríamos tenido
tendríais	habríais tenido
tendrían	habrían tenido

SUBJUNTIVO

Presente	Pret. Perfecto
tenga	haya tenido
tengas	hayas tenido
tenga	haya tenido
tengamos	hayamos tenido
tengáis	hayáis tenido
tengan	hayan tenido

Pret. Imperf.	Pret. Pluscuamp.
tuviera/-se	hubiera/-se tenido
tuvieras/-ses	hubieras/-ses tenido
tuviera/-se	hubiera/-se tenido
tuviéramos/-semos	hubiéramos/-semos tenido
tuvierais/-seis	hubierais/-seis tenido
tuvieran/-sen	hubieran/-sen tenido

Futuro Imperf.	Futuro Perfecto
tuviere	hubiere tenido
tuvieres	hubieres tenido
tuviere	hubiere tenido
tuviéremos	hubiéremos tenido
tuviereis	hubiereis tenido
tuvieren	hubieren tenido

IMPERATIVO

Presente

ten tú
tenga él
tengamos nosotros
tened vosotros
tengan ellos

FORMAS NO PERSONALES

Infinitivo	*Infinitivo Compuesto*
tener	haber tenido
Gerundio	*Gerundio Compuesto*
teniendo	habiendo tenido
Participio	
tenido	

44   **PONER**

INDICATIVO

Presente	Pret. Perfecto
pongo	he puesto
pones	has puesto
pone	ha puesto
ponemos	hemos puesto
ponéis	habéis puesto
ponen	han puesto

Pret. Imperf.	Pret. Pluscuamp.
ponía	había puesto
ponías	habías puesto
ponía	había puesto
poníamos	habíamos puesto
poníais	habíais puesto
ponían	habían puesto

Pret. Perf. Simp.	Pret. Anterior
puse	hube puesto
pusiste	hubiste puesto
puso	hubo puesto
pusimos	hubimos puesto
pusisteis	hubisteis puesto
pusieron	hubieron puesto

Futuro Imperf.	Futuro Perfecto
pondré	habré puesto
pondrás	habrás puesto
pondrá	habrá puesto
pondremos	habremos puesto
pondréis	habréis puesto
pondrán	habrán puesto

Condicional	Condicio. Perfecto
pondría	habría puesto
pondrías	habrías puesto
pondría	habría puesto
pondríamos	habríamos puesto
pondríais	habríais puesto
pondrían	habrían puesto

SUBJUNTIVO

Presente	Pret. Perfecto
ponga	haya puesto
pongas	hayas puesto
ponga	haya puesto
pongamos	hayamos puesto
pongáis	hayáis puesto
pongan	hayan puesto

Pret. Imperf.	Pret. Pluscuamp.
pusiera/-se	hubiera/-se puesto
pusieras/-ses	hubieras/-ses puesto
pusiera/-se	hubiera/-se puesto
pusiéramos/-semos	hubiéramos/-semos puesto
pusierais/-seis	hubierais/-seis puesto
pusieran/-sen	hubieran/-sen puesto

Futuro Imperf.	Futuro Perfecto
pusiere	hubiere puesto
pusieres	hubieres puesto
pusiere	hubiere puesto
pusiéremos	hubiéremos puesto
pusiereis	hubiereis puesto
pusieren	hubieren puesto

IMPERATIVO

Presente

pon tú
ponga él
pongamos nosotros
poned vosotros
pongan ellos

FORMAS NO PERSONALES

Infinitivo	Infinitivo Compuesto
poner	haber puesto
Gerundio	*Gerundio Compuesto*
poniendo	habiendo puesto
Participio	
puesto	

45 VENIR

INDICATIVO

Presente	Pret. Perfecto
vengo	he venido
vienes	has venido
viene	ha venido
venimos	hemos venido
venís	habéis venido
vienen	han venido

Pret. Imperf.	Pret. Pluscuamp.
venía	había venido
venías	habías venido
venía	había venido
veníamos	habíamos venido
veníais	habíais venido
venían	habían venido

Pret. Perf. Simp.	Pret. Anterior
vine	hube venido
viniste	hubiste venido
vino	hubo venido
vinimos	hubimos venido
vinisteis	hubisteis venido
vinieron	hubieron venido

Futuro Imperf.	Futuro Perfecto
vendré	habré venido
vendrás	habrás venido
vendrá	habrá venido
vendremos	habremos venido
vendréis	habréis venido
vendrán	habrán venido

Condicional	Condicio. Perfecto
vendría	habría venido
vendrías	habrías venido
vendría	habría venido
vendríamos	habríamos venido
vendríais	habríais venido
vendrían	habrían venido

SUBJUNTIVO

Presente	Pret. Perfecto
venga	haya venido
vengas	hayas venido
venga	haya venido
vengamos	hayamos venido
vengáis	hayáis venido
vengan	hayan venido

Pret. Imperf.	Pret. Pluscuamp.
viniera/-se	hubiera/-se venido
vinieras/-ses	hubieras/-ses venido
viniera/-se	hubiera/-se venido
viniéramos/-semos	hubiéramos/-semos venido
vinierais/-seis	hubierais/-seis venido
vinieran/-se	hubieran/-sen venido

Futuro Imperf.	Futuro Perfecto
viniere	hubiere venido
vinieres	hubieres venido
viniere	hubiere venido
viniéremos	hubiéremos venido
viniereis	hubiereis venido
vinieren	hubieren venido

IMPERATIVO

Presente

ven tú
venga él
vengamos nosotros
venid vosotros
vengan ellos

FORMAS NO PERSONALES

Infinitivo	Infinitivo Compuesto
venir	haber venido
Gerundio	**Gerundio Compuesto**
viniendo	habiendo venido
Participio	
venido	

46   **MOVER**

INDICATIVO

Presente	*Pret. Perfecto*
muevo	he movido
mueves	has movido
mueve	ha movido
movemos	hemos movido
movéis	habéis movido
mueven	han movido

Pret. Imperf	*Pret. Pluscuamp.*
movía	había movido
movías	habías movido
movía	había movido
movíamos	habíamos movido
movíais	habíais movido
movían	habían movido

Pret. Perf. Simp.	*Pret. Anterior*
moví	hube movido
moviste	hubiste movido
movió	hubo movido
movimos	hubimos movido
movisteis	hubisteis movido
movieron	hubieron movido

Futuro Imperf.	*Futuro Perfecto*
moveré	habré movido
moverás	habrás movido
moverá	habrá movido
moveremos	habremos movido
moveréis	habréis movido
moverán	habrán movido

Condicional	*Condicio. Perfecto*
movería	habría movido
moverías	habrías movido
movería	habría movido
moveríamos	habríamos movido
moveríais	habríais movido
moverían	habrían movido

SUBJUNTIVO

Presente	*Pret. Perfecto*
mueva	haya movido
muevas	hayas movido
mueva	haya movido
movamos	hayamos movido
mováis	hayáis movido
muevan	hayan movido

Pret. Imperf.	*Pret. Pluscuamp.*
moviera/-se	hubiera/-se movido
movieras/-ses	hubieras/-se movido
moviera/-se	hubiera/-se movido
moviéramos/-semos	hubiéramos/-semos movid.
movierais/-seis	hubierais/-seis movido
movieran/-sen	hubieran/-sen movido

Futuro Imperf.	*Futuro Perfecto*
moviere	hubiere movido
movieres	hubieres movido
moviere	hubiere movido
moviéremos	hubiéremos movido
moviereis	hubiereis movido
movieren	hubieren movido

IMPERATIVO

Presente
mueve tú
mueva él
movamos nosotros
moved vosotros
muevan ellos

FORMAS NO PERSONALES

Infinitivo	*Infinitivo Compuesto*
mover	haber movido
Gerundio	*Gerundio Compuesto*
moviendo	habiendo movido
Participio	
movido	

SENTIR

47

INDICATIVO

Presente	Pret. Perfecto
siento	he sentido
sientes	has sentido
siente	ha sentido
sentimos	hemos sentido
sentís	habéis sentido
sienten	han sentido

Pret. Imperf.	Pret. Pluscuamp.
sentía	había sentido
sentías	habías sentido
sentía	había sentido
sentíamos	habíamos sentido
sentíais	habíais sentido
sentían	habían sentido

Pret. Perf. Simp.	Pret. Anterior
sentí	hube sentido
sentiste	hubiste sentido
sintió	hubo sentido
sentimos	hubimos sentido
sentisteis	hubisteis sentido
sintieron	hubieron sentido

Futuro Imperf.	Futuro Perfecto
sentiré	habré sentido
sentirás	habrás sentido
sentirá	habrá sentido
sentiremos	habremos sentido
sentiréis	habréis sentido
sentirán	habrán sentido

Condicional	Condicio. Perfecto
sentiría	habría sentido
sentirías	habrías sentido
sentiría	habría sentido
sentiríamos	habríamos sentido
sentiríais	habríais sentido
sentirían	habrían sentido

SUBJUNTIVO

Presente	Pret. Perfecto
sienta	haya sentido
sientas	hayas sentido
sienta	haya sentido
sintamos	hayamos sentido
sintáis	hayáis sentido
sientan	hayan sentido

Pret. Imperf.	Pret. Pluscuamp.
sintiera/-se	hubiera/-se sentido
sintieras/-ses	hubieras/-ses sentido
sintiera/-se	hubiera/-se sentido
sintiéramos/-semos	hubiéramos/-semos sentido
sintierais/-seis	hubierais/-seis sentido
sintieran/-sen	hubieran/-sen sentido

Futuro Imperf.	Futuro Perfecto
sintiere	hubiere sentido
sintieres	hubieres sentido
sintiere	hubiere sentido
sintiéremos	hubiéremos sentido
sintiereis	hubiereis sentido
sintieren	hubieren sentido

IMPERATIVO

Presente
siente tú
sienta él
sintamos nosotros
sentid vosotros
sientan ellos

FORMAS NO PERSONALES

Infinitivo	*Infinitivo Compuesto*
sentir	haber sentido
Gerundio	*Gerundio Compuesto*
sintiendo	habiendo sentido
Participio	
sentido	

48 PODRIR O PUDRIR

INDICATIVO

Presente	Pret. Perfecto
pudro	he podrido
pudres	has podrido
pudre	ha podrido
pudrimos	hemos podrido
pudrís	habéis podrido
pudren	han podrido

Pret. Imperf.	Pret. Pluscuamp.
pudria	había podrido
pudrías	habías podrido
pudria	había podrido
pudríamos	habíamos podrido
pudríais	habíais podrido
pudrían	habían podrido

Pret. Perf. Simp.	Pret. Anterior
pudrí	hube podrido
pudriste	hubiste podrido
pudrió	hubo podrido
pudrimos	hubimos podrido
pudristeis	hubisteis podrido
pudrieron	hubieron podrido

Futuro Imperf.	Futuro Perfecto
pudriré	habré podrido
pudrirás	habrás podrido
pudrirá	habrá podrido
pudriremos	habremos podrido
pudriréis	habréis podrido
pudrirán	habrán podrido

Condicional	Condicio. Perfecto
pudriría	habría podrido
pudrirías	habrías podrido
pudriría	habría podrido
pudriríamos	habríamos podrido
pudriríais	habríais podrido
pudrirían	habrían podrido

SUBJUNTIVO

Presente	Pret. Perfecto
pudra	haya podrido
pudras	hayas podrido
pudra	haya podrido
pudramos	hayamos podrido
pudráis	hayáis podrido
pudran	hayan podrido

Pret. Imperf.	Pret. Pluscuamp.
pudriera/-se	hubiera/-se podrido
pudrieras/-ses	hubieras/-ses podrido
pudriera/-se	hubiera/-se podrido
pudriéramos/-semos	hubiéramos/-semos podrido
pudrierais/-seis	hubierais/-seis podrido
pudrieran/sen	hubieran/-sen podrido

Futuro Imperf.	Futuro Perfecto
pudriere	hubiere podrido
pudrieres	hubieres podrido
pudriere	hubieres podrido
pudriéremos	hubiéremos podrido
pudriereis	hubiereis podrido
pudrieren	hubieren podrido

IMPERATIVO

Presente
pudre tú
pudra él
pudramos nosotros
pudrid vosotros
pudran ellos

FORMAS NO PERSONALES

Infinitivo	Infinitivo Compuesto
podrir	haber podrido
Gerundio	*Gerundio Compuesto*
pudriendo	habiendo podrido
Participio	
podrido	

49 DORMIR

INDICATIVO

Presente	Pret. Perfecto
duermo	he dormido
duermes	has dormido
duerme	ha dormido
dormimos	hemos dormido
dormís	habéis dormido
duermen	han dormido

Pret. Imperf.	Pret. Pluscuamp.
dormía	había dormido
dormías	habías dormido
dormía	había dormido
dormíamos	habíamos dormido
dormíais	habíais dormido
dormían	habían dormido

Pret. Perf. Simp.	Pret. Anterior
dormí	hube dormido
dormiste	hubiste dormido
durmió	hubo dormido
dormimos	hubimos dormido
dormisteis	hubisteis dormido
durmieron	hubieron dormido

Futuro Imperf.	Futuro Perfecto
dormiré	habré dormido
dormirás	habrás dormido
dormirá	habrá dormido
dormiremos	habremos dormido
dormiréis	habréis dormido
dormirán	habrán dormido

Condicional	Condicio. Perfecto
dormiría	habría dormido
dormirías	habrías dormido
dormiría	habría dormido
dormiríamos	habríamos dormido
dormiríais	habríais dormido
dormirían	habrían dormido

SUBJUNTIVO

Presente	Pret. Perfecto
duerma	haya dormido
duermas	hayas dormido
duerma	haya dormido
durmamos	hayamos dormido
durmáis	hayáis dormido
duerman	hayan dormido

Pret. Imperf.	Pret. Pluscuamp.
durmiera/-se	hubiera/-se dormido
durmieras/-ses	hubieras/-ses dormido
durmiera/-se	hubiera/-se dormido
durmiéramos/-semos	hubiéramos/-semos dormido
durmierais/-seis	hubierais/-seis dormido
durmieran/-sen	hubieran/-sen dormido

Futuro Imperf.	Futuro Perfecto
durmiere	hubiere dormido
durmieres	hubieres dormido
durmiere	hubiere dormido
durmiéremos	hubiéremos dormido
durmiereis	hubiereis dormido
durmieren	hubieren dormido

IMPERATIVO

Presente
duerme tú
duerma él
durmamos nosotros
dormid vosotros
duerman ellos

FORMAS NO PERSONALES

Infinitivo	*Infinitivo Compuesto*
dormir	haber dormido
Gerundio	*Gerundio Compuesto*
durmiendo	habiendo dormido
Participio	
dormido	

50   ADQUIRIR

INDICATIVO

Presente	*Pret. Perfecto*
adquiero	he adquirido
adquieres	has adquirido
adquiere	ha adquirido
adquirimos	hemos adquirido
adquirís	habéis adquirido
adquieren	han adquirido

Pret. Imperf.	*Pret. Pluscuamp.*
adquiría	había adquirido
adquirías	habías adquirido
adquiría	había adquirido
adquiríamos	habíamos adquirido
adquiríais	habíais adquirido
adquirían	habían adquirido

Pret. Perf. Simp.	*Pret. Anterior*
adquirí	hube adquirido
adquiriste	hubiste adquirido
adquirió	hubo adquirido
adquirimos	hubimos adquirido
adquiristeis	hubisteis adquirido
adquirieron	hubieron adquirido

Futuro Imperf.	*Futuro Perfecto*
adquiriré	habré adquirido
adquirirás	habrás adquirido
adquirirá	habrá adquirido
adquiriremos	habremos adquirido
adquiriréis	habréis adquirido
adquirirán	habrán adquirido

Condicional	*Condicio. Perfecto*
adquiriría	habría adquirido
adquirirías	habrías adquirido
adquiriría	habría adquirido
adquiriríamos	habríamos adquirido
adquiriríais	habríais adquirido
adquirirían	habrían adquirido

SUBJUNTIVO

Presente	*Pret. Perfecto*
adquiera	haya adquirido
adquieras	hayas adquirido
adquiera	haya adquirido
adquiramos	hayamos adquirido
adquiráis	hayáis adquirido
adquieran	hayan adquirido

Pret. Imperf.	*Pret. Pluscuamp.*
adquiriera/-se	hubiera/-se adquirido
adquirieras/-ses	hubieras/-ses adquirido
adquiriera/-se	hubiera/-se adquirido
adquiriéra/-semos	hubiéramos/semos adquirido
adquirierais/-seis	hubierais/-seis adquirido
adquirieran/-sen	hubieran/-sen adquirido

Futuro Imperf.	*Futuro Perfecto*
adquiriere	hubiere adquirido
adquirieres	hubieres adquirido
adquiriere	hubiere adquirido
adquiriéremos	hubiéremos adquirido
adquiriereis	hubiereis adquirido
adquirieren	hubieren adquirido

IMPERATIVO

Presente
adquiere tú
adquiera él
adquiramos nosotros
adquirid vosotros
adquieran ellos

FORMAS NO PERSONALES

Infinitivo	*Infinitivo Compuesto*
adquirir	haber adquirido
Gerundio	*Gerundio Compuesto*
adquiriendo	habiendo adquirido
Participio	
adquirido	

51 JUGAR

INDICATIVO

Presente	Pret. Perfecto
juego	he jugado
juegas	has jugado
juega	ha jugado
jugamos	hemos jugado
jugáis	habéis jugado
juegan	han jugado

Pret. Imperf.	Pret. Pluscuamp.
jugaba	había jugado
jugabas	habías jugado
jugaba	había jugado
jugábamos	habíamos jugado
jugabais	habíais jugado
jugaban	habian jugado

Pret. Perf. Simp.	Pret. Anterior
jugué	hube jugado
jugaste	hubiste jugado
jugó	hubo jugado
jugamos	hubimos jugado
jugasteis	hubisteis jugado
jugaron	hubieron jugado

Futuro Imperf.	Futuro Perfecto
jugaré	habré jugado
jugarás	habrás jugado
jugará	habrá jugado
jugaremos	habremos jugado
jugaréis	habréis jugado
jugarán	habrán jugado

Condicional	Condicio. Perfecto
jugaria	habría jugado
jugarías	habrías jugado
jugaria	habría jugado
jugaríamos	habríamos jugado
jugaríais	habríais jugado
jugarian	habrian jugado

SUBJUNTIVO

Presente	Pret. Perfecto
juegue	haya jugado
juegues	hayas jugado
juegue	haya jugado
juguemos	hayamos jugado
juguéis	hayáis jugado
jueguen	hayan jugado

Pret. Imperf.	Pret. Pluscuamp.
jugara/-se	hubiera/-se jugado
jugaras/-ses	hubieras/-ses jugado
jugara/-se	hubiera/-se jugado
jugáramos/-semos	hubiéramos/-semos jugado
jugarais/-seis	hubierais/-seis jugado
jugaran/-sen	hubieran/-sen jugado

Futuro Imperf.	Futuro Perfecto
jugare	hubiere jugado
jugares	hubieres jugado
jugare	hubiere jugado
jugáremos	hubiéremos jugado
jugareis	hubiereis jugado
jugaren	hubieren jugado

IMPERATIVO

Presente
juega tú
juegue él
juguemos nosotros
jugad vosotros
jueguen ellos

FORMAS NO PERSONALES

Infinitivo	Infinitivo Compuesto
jugar	haber jugado
Gerundio	*Gerundio Compuesto*
jugando	habiendo jugado
Participio	
jugado	

52   SERVIR

INDICATIVO

Presente	Pret. Perfecto
sirvo	he servido
sirves	has servido
sirve	ha servido
servimos	hemos servido
servís	habéis servido
sirven	han servido

Pret. Imperf.	Pret. Pluscuamp.
servía	había servido
servías	habías servido
servía	había servido
servíamos	habíamos servido
serviais	habíais servido
servían	habían servido

Pret. Perf. Simp.	Pret. Anterior
serví	hube servido
serviste	hubiste servido
sirvió	hubo servido
servimos	hubimos servido
servisteis	hubisteis servido
sirvieron	hubieron servido

Futuro Imperf.	Futuro Perfecto
serviré	habré servido
servirás	habrás servido
servirá	habrá servido
serviremos	habremos servido
serviréis	habréis servido
servirán	habrán servido

Condicional	Condicio. Perfecto
serviría	habría servido
servirías	habrías servido
serviría	habría servido
serviríamos	habríamos servido
serviríais	habríais servido
servirían	habrían servido

SUBJUNTIVO

Presente	Pret. Perfecto
sirva	haya servido
sirvas	hayas servido
sirva	haya servido
sirvamos	hayamos servido
sirváis	hayáis servido
sirvan	hayan servido

Pret. Imperf.	Pret. Pluscuamp.
sirviera/-se	hubiera/-se servido
sirvieras/-ses	hubieras/-ses servido
sirviera/-se	hubiera/-se servido
sirviéramos/-semos	hubiéramos/-semos servido
sirvierais/-seis	hubierais/-seis servido
sirvieran/-sen	hubieran/-sen servido

Futuro Imperf.	Futuro Perfecto
sirviere	hubiere servido
sirvieres	hubieres servido
sirviere	hubieres servido
sirviéremos	hubiéremos servido
sirviereis	hubiereis servido
sirvieren	hubieren servido

IMPERATIVO

Presente
sirve tú
sirva él
sirvamos nosotros
servid vosotros
sirvan ellos

FORMAS NO PERSONALES

Infinitivo	Infinitivo Compuesto
servir	haber servido
Gerundio	Gerundio Compuesto
sirviendo	habiendo servido
Participio	
servido	

CERRAR

53

INDICATIVO

Presente	*Pret. Perfecto*
cierro	he cerrado
cierras	has cerrado
cierra	ha cerrado
cerramos	hemos cerrado
cerráis	habéis cerrado
cierran	han cerrado

Pret. Imperf.	*Pret. Pluscuamp.*
cerraba	había cerrado
cerrabas	habías cerrado
cerraba	había cerrado
cerrábamos	habíamos cerrado
cerrábais	habíais cerrado
cerraban	habían cerrado

Pret. Perf. Simp.	*Pret. Anterior*
cerré	hube cerrado
cerraste	hubiste cerrado
cerró	hubo cerrado
cerramos	hubimos cerrado
cerrasteis	hubisteis cerrado
cerraron	hubieron cerrado

Futuro Imperf.	*Futuro Perfecto*
cerraré	habré cerrado
cerrarás	habrás cerrado
cerrará	habrá cerrado
cerraremos	habremos cerrado
cerraréis	habréis cerrado
cerrarán	habrán cerrado

Condicional	*Condicio. Perfecto*
cerraría	habría cerrado
cerrarías	habrías cerrado
cerraría	habría cerrado
cerraríamos	habríamos cerrado
cerraríais	habriais cerrado
cerrarían	habrían cerrado

SUBJUNTIVO

Presente	*Pret. Perfecto*
cierre	haya cerrado
cierres	hayas cerrado
cierre	haya cerrado
cerremos	hayamos cerrado
cerréis	hayáis cerrado
cierren	hayan cerrado

Pret. Imperf.	*Pret. Pluscuamp.*
cerrara/-se	hubiera/-se cerrado
cerraras/-ses	hubieras/-ses cerrado
cerrara/-se	hubiera/-se cerrado
cerráramos/-semos	hubiéramos/-semos cerra.
cerrarais/-seis	hubierais/-seis cerrado
cerraran/-sen	hubieran/-sen cerrado

Futuro Imperf.	*Futuro Perfecto*
cerrare	hubiere cerrado
cerrares	hubieres cerrado
cerrare	hubiere cerrado
cerráremos	hubiéremos cerrado
cerrareis	hubiereis cerrado
cerraren	hubieren cerrado

IMPERATIVO

Presente
cierra tú
cierre él
cerremos nosotros
cerrad vosotros
cierren ellos

FORMAS NO PERSONALES

Infinitivo	*Infinitivo Compuesto*
cerrar	haber cerrado
Gerundio	*Gerundio Compuesto*
cerrando	habiendo cerrado
Participio	
cerrado	

54   CONOCER

INDICATIVO

Presente	Pret. Perfecto
conozco	he conocido
conoces	has conocido
conoce	ha conocido
conocemos	hemos conocido
conocéis	habéis conocido
conocen	han conocido

Pret. Imperf.	Pret. Pluscuamp.
conocía	había conocido
conocías	habías conocido
conocía	había conocido
conocíamos	habíamos conocido
conocíais	habíais conocido
conocían	habían conocido

Pret. Perf. Simp.	Pret. Anterior
conocí	hube conocido
conociste	hubiste conocido
conoció	hubo conocido
conocimos	hubimos conocido
conocisteis	hubisteis conocido
conocieron	hubieron conocido

Futuro Imperf.	Futuro Perfecto
conoceré	habré conocido
conocerás	habrás conocido
conocerá	habrá conocido
conoceremos	habremos conocido
conoceréis	habréis conocido
conocerán	habrán conocido

Condicional	Condicio. Perfecto
conocería	habría conocido
conocerías	habrías conocido
conocería	habría conocido
conoceríamos	habríamos conoci.
conoceríais	habríais conocido
conocerían	habrían conocido

SUBJUNTIVO

Presente	Pret. Perfecto
conozca	haya conocido
conozcas	hayas conocido
conozca	haya conocido
conozcamos	hayamos conocido
conozcáis	hayáis conocido
conozcan	hayan conocido

Pret. Imperf.	Pret. Pluscuamp.
conociera/-se	hubiera/-se conocido
conocieras/-ses	hubieras/-ses conocido
conociera/-se	hubiera/-se conocido
conociéramos/-semos	hubiéramos/-semos conocido
conocierais/-seis	hubierais/-seis conocido
conocieran/-sen	hubieran/-sen conocido

Futuro Imperf.	Futuro Perfecto
conociere	hubiere conocido
conocieres	hubieres conocido
conociere	hubiere conocido
conociéremos	hubiéremos conocido
conociereis	hubiereis conocido
conocieren	hubieren conocido

IMPERATIVO

Presente
conoce tú
conozca él
conozcamos nosotros
conoced vosotros
conozcan ellos

FORMAS NO PERSONALES

Infinitivo	*Infinitivo Compuesto*
conocer	haber conocido
Gerundio	*Gerundio Compuesto*
conociendo	habiendo conocido
Participio	
conocido	

55 LUCIR

INDICATIVO

Presente	Pret. Perfecto
luzco	he lucido
luces	has lucido
luce	ha lucido
lucimos	hemos lucido
lucís	habéis lucido
lucen	han lucido

Pret. Imperf.	Pret. Pluscuamp.
lucía	había lucido
lucías	habías lucido
lucía	había lucido
lucíamos	habíamos lucido
lucíais	habíais lucido
lucían	habían lucido

Pret. Perf. Simp.	Pret. Anterior
lucí	hube lucido
luciste	hubiste lucido
lució	hubo lucido
lucimos	hubimos lucido
lucisteis	hubisteis lucido
lucieron	hubieron lucido

Futuro Imperf.	Futuro Perfecto
luciré	habré lucido
lucirás	habrás lucido
lucirá	habrá lucido
luciremos	habremos lucido
luciréis	habréis lucido
lucirán	habrán lucido

Condicional	Condicio. Perfecto
luciría	habría lucido
lucirías	habrías lucido
luciría	habría lucido
luciríamos	habríamos lucido
luciríais	habríais lucido
lucirían	habrían lucido

SUBJUNTIVO

Presente	Pret. Perfecto
luzca	haya lucido
luzcas	hayas lucido
luzca	haya lucido
luzcamos	hayamos lucido
luzcáis	hayáis lucido
luzcan	hayan lucido

Pret. Imperf.	Pret. Pluscuamp.
luciera/-se	hubiera/-se lucido
lucieras/-ses	hubieras/-ses lucido
luciera/-se	hubiera/-se lucido
luciéramos/-semos	hubiéramos/-semos lucido
lucierais/-seis	hubierais/-seis lucido
lucieran/-sen	hubieran/-sen lucido

Futuro Imperf.	Futuro Perfecto
luciere	hubiere lucido
lucieres	hubieres lucido
luciere	hubiere lucido
luciéremos	hubiéremos lucido
luciereis	hubiereis lucido
lucieren	hubieren lucido

IMPERATIVO

Presente
luce tú
luzca él
luzcamos nosotros
lucid vosotros
luzcan ellos

FORMAS NO PERSONALES

Infinitivo	Infinitivo Compuesto
lucir	haber lucido
Gerundio	*Gerundio Compuesto*
luciendo	habiendo lucido
Participio	
lucido	

56   CONDUCIR

INDICATIVO

Presente	Pret. Perfecto
conduzco	he conducido
conduces	has conducido
conduce	ha conducido
conducimos	hemos conducido
conducís	habéis conducido
conducen	han conducido

Pret. Imperf.	Pret. Pluscuamp.
conducía	había conducido
conducías	habías conducido
conducía	había conducido
conducíamos	habíamos conduci.
conducíais	habíais conducido
conducían	habían conducido

Pret. Perf. Simp.	Pret. Anterior
conduje	hube conducido
condujiste	hubiste conducido
condujo	hubo conducido
condujimos	hubimos conducido
condujisteis	hubisteis conduc.
condujeron	hubieron conduci.

Futuro Imperf.	Futuro Perfecto
conduciré	habré conducido
conducirás	habrás conducido
conducirá	habrá conducido
conduciremos	habremos conduci.
conduciréis	habréis conducido
conducirán	habrán conducido

Condicional	Condicio. Perfecto
conduciría	habría conducido
conducirías	habrías conducido
conduciría	habría conducido
conduciríamos	habríamos conduc.
conduciríais	habríais conducido
conducirían	habrían conducido

SUBJUNTIVO

Presente	Pret. Perfecto
conduzca	haya conducido
conduzcas	hayas conducido
conduzca	haya conducido
conduzcamos	hayamos conducido
conduzcáis	hayáis conducido
conduzcan	hayan conducido

Pret. Imperf.	Pret. Pluscuamp.
condujera/-se	hubiera/-se conducido
condujeras/-ses	hubieras/-ses conducido
condujera/-se	hubiera/-se conducido
condujéramos/-semos	hubiéramos/-semos condu.
condujerais/-seis	hubierais/-seis conducido
condujeran/-sen	hubieran/-sen conducido

Futuro Imperf.	Futuro Perfecto
condujere	hubiere conducido
condujeres	hubieres conducido
condujere	hubiere conducido
condujéremos	hubiéremos conducido
condujereis	hubiereis conducido
condujeren	hubieren conducido

IMPERATIVO

Presente
conduce tú
conduzca él
conduzcamos nosotros
conducid vosotros
conduzcan ellos

FORMAS NO PERSONALES

Infinitivo	*Infinitivo Compuesto*
conducir	haber conducido
Gerundio	*Gerundio Compuesto*
conduciendo	habiendo conducido
Participio	
conducido	

57 SALIR

INDICATIVO

Presente	Pret. Perfecto
salgo	he salido
sales	has salido
sale	ha salido
salimos	hemos salido
salís	habéis salido
salen	han salido

Pret. Imperf.	Pret. Pluscuamp.
salía	había salido
salías	habías salido
salía	había salido
salíamos	habíamos salido
salíais	habíais salido
salían	habían salido

Pret. Perf. Simp.	Pret. Anterior
salí	hube salido
saliste	hubiste salido
salió	hubo salido
salimos	hubimos salido
salisteis	hubisteis salido
salieron	hubieron salido

Futuro Imperf.	Futuro Perfecto
saldré	habré salido
saldrás	habrás salido
saldrá	habrá salido
saldremos	habremos salido
saldréis	habréis salido
saldrán	habrán salido

Condicional	Condicio. Perfecto
saldría	habría salido
saldrías	habrías salido
saldría	habría salido
saldríamos	habríamos salido
saldríais	habríais salido
saldrían	habrían salido

SUBJUNTIVO

Presente	Pret. Perfecto
salga	haya salido
salgas	hayas salido
salga	haya salido
salgamos	hayamos salido
salgáis	hayáis salido
salgan	hayan salido

Pret. Imperf.	Pret. Pluscuamp.
saliera/-se	hubiera/-se salido
salieras/-ses	hubieras/-ses salido
saliera/se	hubiera/-se salido
saliéramos/-semos	hubiéramos/-semos salido
salierais/-seis	hubiérais/-seis salido
salieran/-sen	hubieran/-sen salido

Futuro Imperf.	Futuro Perfecto
saliere	hubiere salido
salieres	hubieres salido
saliere	hubiere salido
saliéremos	hubiéremos salido
saliereis	hubiereis salido
salieren	hubieren salido

IMPERATIVO

Presente

sal tú
salga él
salgamos nosotros
salid vosotros
salgan ellos

FORMAS NO PERSONALES

Infinitivo	Infinitivo Compuesto
salir	haber salido
Gerundio	*Gerundio Compuesto*
saliendo	habiendo salido
Participio	
salido	

HUIR

58

INDICATIVO

Presente	*Pret. Perfecto*
huyo	he huido
huyes	has huido
huye	ha huido
huimos	hemos huido
huís	habéis huido
huyen	han huido

Pret. Imperf.	*Pret. Pluscuamp.*
huía	había huido
huías	habías huido
huía	había huido
huíamos	habíamos huido
huíais	habíais huido
huían	habían huido

Pret. Perf. Simp.	*Pret. Anterior*
huí	hube huido
huiste	hubiste huido
huyó	hubo huido
huimos	hubimos huido
huisteis	hubisteis huido
huyeron	hubieron huido

Futuro Imperf.	*Futuro Perfecto*
huiré	habré huido
huirás	habrás huido
huirá	habrá huido
huiremos	habremos huido
huireis	habréis huido
huirán	habrán huido

Condicional	*Condicio. Perfecto*
huiría	habría huido
huirías	habrías huido
huiría	habría huido
huiríamos	habríamos huido
huiríais	habríais huido
huirían	habrían huido

SUBJUNTIVO

Presente	*Pret. Perfecto*
huya	haya huido
huyas	hayas huido
huya	haya huido
huyamos	hayamos huido
huyáis	hayáis huido
huyan	hayan huido

Pret. Imperf.	*Pret. Pluscuamp.*
huyera/-se	hubiera/-se huido
huyeras/-ses	hubieras/-ses huido
huyera/-se	hubiera/-se huido
huyéramos/-semos	hubiéramos/-semos huido
huyerais/-seis	hubierais/-seis huido
huyeran/-sen	hubieran/-sen huido

Futuro Imperf.	*Futuro Perfecto*
huyere	hubiere huido
huyeres	hubieres huido
huyere	hubiere huido
huyéremos	hubiéremos huido
huyereis	hubiereis huido
huyeren	hubieren huido

IMPERATIVO

Presente
huye tú
huya él
huyamos nosotros
huid vosotros
huyan ellos

FORMAS NO PERSONALES

Infinitivo	*Infinitivo Compuesto*
huir	haber huido
Gerundio	*Gerundio Compuesto*
huyendo	habiendo huido
Participio	
huido	

DISCERNIR

59

INDICATIVO

Presente	Pret. Perfecto
discierno	he discernido
disciernes	has discernido
discierne	ha discernido
discernimos	hemos discernido
discernís	habéis discernido
disciernen	han discernido

Pret. Imperf.	Pret. Pluscuamp.
discernía	había discernido
discernías	habías discernido
discernía	había discernido
discerníamos	habíamos discer.
discerníais	habíais discerni.
discernían	habían discernido

Pret. Perf. Simp.	Pret. Anterior
discerní	hube discernido
discerniste	hubiste discerni.
discernió	hubo discernido
discernimos	hubimos discerni.
discernisteis	hubisteis discer.
discernieron	hubieron discern.

Futuro Imperf.	Futuro Perfecto
discerniré	habré discernido
discernirás	habrás discernido
discernirá	habrá discernido
discerniremos	habremos discern.
discerniréis	habréis discerni.
discernirán	habrán discernido

Condicional	Condicio. Perfecto
discerniría	habría discernido
discernirías	habrías discernido
discerniría	habría discernido
discerniríamos	habríamos discer.
discerniríais	habríais discernido
discernirían	habrían discernido

SUBJUNTIVO

Presente	Pret. Perfecto
discierna	haya discernido
disciernas	hayas discernido
discierna	haya discernido
discernamos	hayamos discernido
discernáis	hayáis discernido
disciernan	hayan discernido

Pret. Imperf.	Pret. Pluscuamp.
discerniera/-se	hubiera/-se discernido
discernieras/-ses	hubieras/-se discernido
discerniera/-se	hubiera/-se discernido
discerniéramos/-emos	hubiéramos/-semos discer.
discernierais/-seis	hubierais/-seis discernido
discernieran/-sen	hubieran/-sen discernido

Futuro Imperf.	Futuro Perfecto
discerniere	hubiere discernido
discernieres	hubieres discernido
discerniere	hubiere discernido
discerniéremos	hubiéremos discernido
discerniéreis	hubiereis discernido
discernieren	hubieren discernido

IMPERATIVO

Presente

discierne tú
discierna él
discernamos nosotros
discernid vosotros
disciernan ellos

FORMAS NO PERSONALES

Infinitivo	*Infinitivo Compuesto*
discernir	haber discernido
Gerundio	*Gerundio Compuesto*
discerniendo	habiendo discernido
Participio	
discernido	

60   ERRAR

INDICATIVO

Presente	Pret. Perfecto
yerro	he errado
yerras	has errado
yerra	ha errado
erramos	hemos errado
erráis	habéis errado
yerran	han errado

Pret. Imperf.	Pret. Pluscuamp.
erraba	había errado
errabas	habías errado
erraba	había errado
errábamos	habíamos errado
errabais	habíais errado
erraban	habían errado

Pret. Perf. Simp.	Pret. Anterior
erré	hube errado
erraste	hubiste errado
erró	hubo errado
erramos	hubimos errado
errasteis	hubisteis errado
erraron	hubieron errado

Futuro Imperf.	Futuro Perfecto
erraré	habré errado
errarás	habrás errado
errará	habrá errado
erraremos	habremos errado
erraréis	habréis errado
errarán	habrán errado

Condicional	Condicio. Perfecto
erraría	habría errado
errarías	habrías errado
erraría	habría errado
erraríamos	habríamos errado
erraríais	habríais errado
errarían	habrían errado

SUBJUNTIVO

Presente	Pret. Perfecto
yerre	haya errado
yerres	hayas errado
yerre	haya errado
erremos	hayamos errado
erréis	hayáis errado
yerren	hayan errado

Pret. Imperf.	Pret. Pluscuamp.
errara/-se	hubiera/-se errado
erraras/-ses	hubieras/-ses errado
errara/-se	hubiera/-se errado
erráramos/-semos	hubiéramos/-semos errado
errarais/-seis	hubierais/-seis errado
erraran/-sen	hubieran/-sen errado

Futuro Imperf.	Futuro Perfecto
errare	hubiere errado
errares	hubieres errado
errare	hubiere errado
erráremos	hubiéremos errado
errareis	hubiereis errado
erraren	hubieren errado

IMPERATIVO

Presente
yerra tú
yerre él
erremos nosotros
errad vosotros
yerren ellos

FORMAS NO PERSONALES

Infinitivo	*Infinitivo Compuesto*
errar	haber errado
Gerundio	*Gerundio Compuesto*
errando	habiendo errado
Participio	
errado	

61 ACORDAR

INDICATIVO

Presente	Pret. Perfecto
acuerdo	he acordado
acuerdas	has acordado
acuerda	ha acordado
acordamos	hemos acordado
acordáis	habéis acordado
acuerdan	han acordado

Pret. Imperf.	Pret. Pluscuamp.
acordaba	había acordado
acordabas	habías acordado
acordaba	había acordado
acordábamos	habíamos acordado
acordabais	habíais acordado
acordaban	habían acordado

Pret. Perf. Simp.	Pret. Anterior
acordé	hube acordado
acordaste	hubiste acordado
acordó	hubo acordado
acordamos	hubimos acordado
acordasteis	hubisteis acordado
acordaron	hubieron acordado

Futuro Imperf.	Futuro Perfecto
acordaré	habré acordado
acordarás	habrás acordado
acordará	habrá acordado
acordaremos	habremos acordado
acordaréis	habréis acordado
acordarán	habrán acordado

Condicional	Condicio. Perfecto
acordaría	habría acordado
acordarías	habrías acordado
acordaría	habría acordado
acordaríamos	habríamos acordado
acordaríais	habríais acordado
acordarían	habrían acordado

SUBJUNTIVO

Presente	Pret. Perfecto
acuerde	haya acordado
acuerdes	hayas acordado
acuerde	haya acordado
acordemos	hayamos acordado
acordéis	hayáis acordado
acuerden	hayan acordado

Pret. Imperf.	Pret. Pluscuamp.
acordara/-se	hubiera/-se acordado
acordaras/-ses	hubieras/-ses acordado
acordara/-se	hubiera/-se acordado
acordáramos/-semos	hubiéramos/-semos acord.
acordarais/-seis	hubierais/-seis acordado
acordaran/-sen	hubieran/-sen acordado

Futuro Imperf.	Futuro Perfecto
acordare	hubiere acordado
acordares	hubieres acordado
acordare	hubiere acordado
acordáremos	hubiéremos acordado
acordareis	hubiereis acordado
acordaren	hubieren acordado

IMPERATIVO

Presente
acuerda tú
acuerde él
acordemos nosotros
acordad vosotros
acuerden ellos

FORMAS NO PERSONALES

Infinitivo	*Infinitivo Compuesto*
acordar	haber acordado
Gerundio	*Gerundio Compuesto*
acordando	habiendo acordado
Participio	
acordado	

62   TAÑER

INDICATIVO

Presente	Pret. Perfecto
taño	he tañido
tañes	has tañido
tañe	ha tañido
tañemos	hemos tañido
tañéis	habéis tañido
tañen	han tañido

Pret. Imperf.	Pret. Pluscuamp.
tañía	había tañido
tañías	habías tañido
tañía	había tañido
tañíamos	habíamos tañido
tañíais	habíais tañido
tañían	habían tañido

Pret. Perf. Simp.	Pret. Anterior
tañí	hube tañido
tañiste	hubiste tañido
tañó	hubo tañido
tañimos	hubimos tañido
tañisteis	hubisteis tañido
tañeron	hubieron tañido

Futuro Imperf.	Futuro Perfecto
tañeré	habré tañido
tañerás	habrás tañido
tañerá	habrá tañido
tañeremos	habremos tañido
tañeréis	habréis tañido
tañerán	habrán tañido

Condicional	Condicio. Perfecto
tañería	habría tañido
tañerías	habrías tañido
tañería	habría tañido
tañeríamos	habríamos tañido
tañeríais	habríais tañido
tañerían	habrían tañido

SUBJUNTIVO

Presente	Pret. Perfecto
taña	haya tañido
tañas	hayas tañido
taña	haya tañido
tañamos	hayamos tañido
tañáis	hayáis tañido
tañan	hayan tañido

Pret. Imperf.	Pret. Pluscuamp.
tañera/ se	hubiera/-se tañido
tañeras/-ses	hubieras/-ses tañido
tañera/ se	hubiera/ se tañido
tañéramos/-semos	hubiéramos/-semos tañido
tañerais/-seis	hubierais/-seis tañido
tañeran/-sen	hubieran/-sen tañido

Futuro Imperf.	Futuro Perfecto
tañere	hubiere tañido
tañeres	hubieres tañido
tañere	hubiere tañido
tañéremos	hubiéremos tañido
tañereis	hubiereis tañido
tañeren	hubieren tañido

IMPERATIVO

Presente

tañe tú
taña él
tañamos nosotros
tañed vosotros
tañan ellos

FORMAS NO PERSONALES

Infinitivo	*Infinitivo Compuesto*
tañer	haber tañido
Gerundio	*Gerundio Compuesto*
tañendo	habiendo tañido
Participio	
tañido	

63 GRUÑIR

INDICATIVO

Presente
gruño
gruñes
gruñe
gruñimos
gruñís
gruñen

Pret. Perfecto
he gruñido
has gruñido
ha gruñido
hemos gruñido
habéis gruñido
han gruñido

Pret. Imperf.
gruñía
gruñías
gruñía
gruñíamos
gruñíais
gruñían

Pret. Pluscuamp.
había gruñido
habías gruñido
había gruñido
habíamos gruñido
habíais gruñido
habían gruñido

Pret. Perf. Simp.
gruñí
gruñiste
gruñó
gruñimos
gruñisteis
gruñeron

Pret. Anterior
hube gruñido
hubiste gruñido
hubo gruñido
hubimos gruñido
hubisteis gruñido
hubieron gruñido

Futuro Imperf.
gruñiré
gruñirás
gruñirá
gruñiremos
gruñiréis
gruñirán

Futuro Perfecto
habré gruñido
habrás gruñido
habrá gruñido
habremos gruñido
habréis gruñido
habrán gruñido

Condicional
gruñirá
gruñirías
gruñiría
gruñiríamos
gruñiríais
gruñirían

Condicio. Perfecto
habría gruñido
habrías gruñido
habría gruñido
habríamos gruñido
habríais gruñido
habrían gruñido

SUBJUNTIVO

Presente
gruña
gruñas
gruña
gruñamos
gruñáis
gruñan

Pret. Perfecto
haya gruñido
hayas gruñido
haya gruñido
hayamos gruñido
hayáis gruñido
hayan gruñido

Pret. Imperf.
gruñera/-se
gruñeras/-ses
gruñera/-se
gruñéramos/-semos
gruñerais/-seis
gruñeran/sen

Pret. Pluscuamp.
hubiera/-se gruñido
hubieras/-ses gruñido
hubiera/-se gruñido
hubiéramos/-semos gruñido
hubierais/-seis gruñido
hubieran/-sen gruñido

Futuro Imperf.
gruñere
gruñeres
gruñere
gruñéremos
gruñereis
gruñeren

Futuro Perfecto
hubiere gruñido
hubieres gruñido
hubiere gruñido
hubiéremos gruñido
hubiéreis gruñido
hubieren gruñido

IMPERATIVO

Presente
gruñe tú
gruña él
gruñamos nosotros
gruñid vosotros
gruñan ellos

FORMAS NO PERSONALES

Infinitivo
gruñir
Gerundio
gruñendo
Participio
gruñido

Infinitivo Compuesto
haber gruñido
Gerundio Compuesto
habiendo gruñido

64   TEÑIR

INDICATIVO

Presente	*Pret. Perfecto*
tiño	he teñido
tiñes	has teñido
tiñe	ha teñido
teñimos	hemos teñido
teñís	habéis teñido
tiñen	han teñido

Pret. Imperf.	*Pret. Pluscuamp.*
teñía	había teñido
teñías	habías teñido
teñía	había teñido
teñíamos	habíamos teñido
teñíais	habíais teñido
teñían	habían teñido

Pret. Perf. Simp.	*Pret. Anterior*
teñí	hube teñido
teñiste	hubiste teñido
tiñó	hubo teñido
teñimos	hubimos teñido
teñisteis	hubisteis teñido
tiñeron	hubieron teñido

Futuro Imperf.	*Futuro Perfecto*
teñiré	habré teñido
teñirás	habrás teñido
teñirá	habrá teñido
teñiremos	habremos teñido
teñiréis	habréis teñido
teñirán	habrán teñido

Condicional	*Condicio. Perfecto*
teñiría	habría teñido
teñirías	habrías teñido
teñiría	habría teñido
teñiríamos	habríamos teñido
teñiríais	habríais teñido
teñirían	habrían teñido

SUBJUNTIVO

Presente	*Pret. Perfecto*
tiña	haya teñido
tiñas	hayas teñido
tiña	haya teñido
tiñamos	hayamos teñido
tiñáis	hayáis teñido
tiñan	hayan teñido

Pret. Imperf.	*Pret. Pluscuamp.*
tiñera/-se	hubiera/-se teñido
tiñeras/-ses	hubieras/-ses teñido
tiñera/ se	hubiera/-se teñido
tiñéramos/-semos	hubiéramos/-semos teñido
tiñerais/-seis	hubierais/-seis teñido
tiñeran/-sen	hubieran/-sen teñido

Futuro Imperf.	*Futuro Perfecto*
tiñere	hubiere teñido
tiñeres	hubieres teñido
tiñere	hubiere teñido
tiñéremos	hubiéremos teñido
tiñereis	hubiereis teñido
tiñeren	hubieren teñido

IMPERATIVO

Presente
tiñe tú
tiña él
tiñamos nosotros
teñid vosotros
tiñan ellos

FORMAS NO PERSONALES

Infinitivo	*Infinitivo Compuesto*
teñir	haber teñido
Gerundio	*Gerundio Compuesto*
tiñendo	habiendo teñido
Participio	
teñido	

65 ASIR

INDICATIVO

Presente	*Pret. Perfecto*
asgo	he asido
ases	has asido
ase	ha asido
asimos	hemos asido
asís	habéis asido
asen	han asido

Pret. Imperf.	*Pret. Pluscuamp.*
asía	había asido
asías	habías asido
asía	había asido
asíamos	habíamos asido
asíais	habíais asido
asían	habían asido

Pret. Perf. Simp.	*Pret. Anterior*
así	hube asido
asiste	hubiste asido
asió	hubo asido
asimos	hubimos asido
asisteis	hubisteis asido
asieron	hubieron asido

Futuro Imperf.	*Futuro Perfecto*
asiré	habré asido
asirás	habrás asido
asirá	habrá asido
asiremos	habremos asido
asiréis	habréis asido
asirán	habrán asido

Condicional	*Condicio. Perfecto*
asiría	habría asido
asirías	habrías asido
asiría	habría asido
asiríamos	habríamos asido
asiríais	habríais asido
asirían	habrían asido

SUBJUNTIVO

Presente	*Pret. Perfecto*
asga	haya asido
asgas	hayas asido
asga	haya asido
asgamos	hayamos asido
asgáis	hayáis asido
asgan	hayan asido

Pret. Imperf.	*Pret. Pluscuamp.*
asiera/-se	hubiera/-se asido
asieras/-ses	hubieras/-ses asido
asiera/-se	hubiera/-se asido
asiéramos/-semos	hubiéramos/-semos asido
asierais/-seis	hubierais/-seis asido
asieran/-sen	hubieran/-sen asido

Futuro Imperf.	*Futuro Perfecto*
asiere	hubiere asido
asieres	hubieres asido
asiere	hubiere asido
asiéremos	hubiéremos asido
asiereis	hubiereis asido
asieren	hubieren asido

IMPERATIVO

Presente
ase tú
asga él
asgamos nosotros
asid vosotros
asgan ellos

FORMAS NO PERSONALES

Infinitivo	*Infinitivo Compuesto*
asir	haber asido
Gerundio	*Gerundio Compuesto*
asiendo	habiendo asido
Participio	
asido	

66   PREDECIR*

INDICATIVO

Presente	Pret. Perfecto
predigo	he predicho
predices	has predicho
predice	ha predicho
predecimos	hemos predicho
predecís	habéis predicho
predicen	han predicho

Pret. Imperf.	Pret. Pluscuamp.
predecía	había predicho
predecías	habías predicho
predecía	había predicho
predecíamos	habíamos predicho
predecíais	habíais predicho
predecían	habían predicho

Pret. Perf. Simp.	Pret. Anterior
predije	hube predicho
predijiste	hubiste predicho
predijo	hubo predicho
predijimos	hubimos predicho
predijisteis	hubisteis predicho
predijeron	hubieron predicho

Futuro[1]	Futuro Perfecto
predeciré	habré predicho
predeciras	habrás predicho
predecirá	habrá predicho
predeciremos	habremos predicho
predeciréis	habréis predicho
predecirán	habrán predicho

Condicional[2]	Condicio. Perfecto
predeciría	habría predicho
predecirías	habrías predicho
predeciría	habría predicho
predeciríamos	habríamos predi.
predeciríais	habríais predicho
predecirían	habrían predicho

SUBJUNTIVO

Presente	Pret. Perfecto
prediga	haya predicho
predigas	hayas predicho
prediga	haya predicho
predigamos	hayamos predicho
predigais	hayáis predicho
predigan	hayan predicho

Pret. Imperf.	Pret. Pluscuamp.
predijera/-se	hubiera/-se predicho
predijeras/-ses	hubieras/-ses predicho
predijera/-se	hubiera/-se predicho
predijéramos/-semos	hubiéramos/-semos predi.
predijerais/-seis	hubierais/-seis predicho
predijeran/-sen	hubieran/-sen predicho

Futuro Imperf.	Futuro Perfecto
predijere	hubiere predicho
predijeres	hubieres predicho
predijere	hubiere predicho
predijéremos	hubiéremos predicho
predijereis	hubiereis predicho
predijeren	hubieren predicho

IMPERATIVO

Presente

predice tú
prediga él
predigamos nosotros
predecid vosotros
predigan ellos

FORMAS NO PERSONALES

Infinitivo	Infinitivo Compuesto
predecir	haber predicho
Gerundio	*Gerundio Compuesto*
prediciendo	habiendo predicho
Participio	
predicho	

---

[1] Raramente como decir, en el verbo predecir: **prediré, prediría**.

[2] **Bendecir** y **maldecir** tienen dos participios, uno regular, bendecido, maldecido, que se utiliza en los tiempos compuestos y en la pasiva, y otro irregular, bendito y maldito, que se usa exclusivamente como adjetivo.

* Contradecir, desdecir, entredecir, redecir se conjugan como decir, aunque se utilizan algunas formas siguiendo el verbo predecir; imperativo: **contradice, desdice**.

67 ERGUIR

INDICATIVO		SUBJUNTIVO	
Presente	*Pret. Perfecto*	*Presente*	*Pret. Perfecto*
yergo (*irgo*)	he erguido	yerga (*irga*)	haya erguido
yergues (*irgues*)	has erguido	yergas (*irgas*)	hayas erguido
yergue (*irgue*)	ha erguido	yerga (*irga*)	haya erguido
erguimos	hemos erguido	yergamos (*irgamos*)	hayamos erguido
erguís	habéis erguido	yergáis (*irgáis*)	hayáis erguido
yerguen (*irguen*)	han erguido	yergan (*irgan*)	hayan erguido
Pret. Imperf.	*Pret. Pluscuamp.*	*Pret. Imperf.*	*Pret. Pluscuamp.*
erguía	había erguido	irguiera/-se	hubiera/-se erguido
erguías	habías erguido	irguieras/-ses	hubieras/-ses erguido
erguía	había erguido	irguiera/-se	hubiera/-se erguido
erguíamos	habíamos erguido	irguiéramos/-semos	hubiéramos/-semos ergui.
erguíais	habíais erguido	irguierais/-seis	hubierais/-seis erguido
erguían	habían erguido	irguieran/-sen	hubieran/-sen erguido
Pret. Perf. Simp.	*Pret. Anterior*	*Futuro Imperf.*	*Futuro Perfecto*
erguí	hube erguido	irguiere	hubiere erguido
erguiste	hubiste erguido	irguieres	hubieres erguido
irguió	hubo erguido	irguiere	hubiere erguido
erguimos	hubimos erguido	irguiéremos	hubiéremos erguido
erguisteis	hubisteis erguido	irguiereis	hubiereis erguido
irguieron	hubieron erguido	irguieren	hubieren erguido

Futuro Imperf.	*Futuro Perfecto*
erguiré	habré erguido
erguirás	habrás erguido
erguirá	habrá erguido
erguiremos	habremos erguido
erguiréis	habréis erguido
erguirán	habrán erguido

IMPERATIVO

Presente
yergue (irgue) tú
yerga (irga) él
yergamos nosotros
erguid vosotros
yergan ellos

Condicional	*Condicio. Perfecto*
erguiría	habría erguido
erguirías	habrías erguido
erguiría	habría erguido
erguiríamos	habríamos erguido
erguiríais	habríais erguido
erguirían	habrían erguido

FORMAS NO PERSONALES

Infinitivo	*Infinitivo Compuesto*
erguir	haber erguido
Gerundio	*Gerundio Compuesto*
irguiendo	habiendo erguido
Participio	
erguido	

68 YACER

INDICATIVO

Presente	*Pret. Perfecto*
yazco(l)	he yacido
yaces	has yacido
yace	ha yacido
yacemos	hemos yacido
yacéis	habéis yacido
yacen	han yacido

Pret. Imperf.	*Pret. Pluscuamp.*
yacía	había yacido
yacías	habías yacido
yacía	había yacido
yacíamos	habíamos yacido
yacíais	habíais yacido
yacían	habían yacido

Pret. Perf. Simp.	*Pret. Anterior*
yací	hube yacido
yaciste	hubiste yacido
yació	hubo yacido
yacimos	hubimos yacido
yacisteis	hubisteis yacido
yacieron	hubieron yacido

Futuro Imperf.	*Futuro Perfecto*
yaceré	habré yacido
yacerás	habrás yacido
yacerá	habrá yacido
yaceremos	habremos yacido
yaceréis	habréis yacido
yacerán	habrán yacido

Condicional	*Condicio. Perfecto*
yacería	habría yacido
yacerías	habrías yacido
yacería	habría yacido
yaceríamos	habríamos yacido
yaceríais	habríais yacido
yacerían	habrían yacido

SUBJUNTIVO

Presente(2)	*Pret. Perfecto*
yazca	haya yacido
yazcas	hayas yacido
yazca	haya yacido
yazcamos	hayamos yacido
yazcáis	hayáis yacido
yazcan	hayan yacido

Pret. Imperf.	*Pret. Pluscuamp.*
yaciera/-se	hubiera/-se yacido
yacieras/-ses	hubieras/-ses yacido
yaciera/-se	hubiera/-se yacido
yaciéramos/-semos	hubiéramos/-semos yacido
yacierais/-seis	hubierais/-seis yacido
yacieran/-sen	hubieran/-sen yacido

Futuro Imperf.	*Futuro Perfecto*
yaciere	hubiere yacido
yacieres	hubieres yacido
yaciere	hubiere yacido
yaciéremos	hubiéremos yacido
yaciereis	hubiereis yacido
yacieren	hubieren yacido

IMPERATIVO

Presente(3)
yace tú
yazga él
yazcamos nosotros
yaced vosotros
yazcan ellos

FORMAS NO PERSONALES

Infinitivo	*Infinitivo Compuesto*
yacer	haber yacido
Gerundio	*Gerundio Compuesto*
yaciendo	habiendo yacido
Participio	
yacido	

(l) La primera persona del singular del presente de indicativo también puede ser **yazgo o yago.**
(2) Presente de subjuntivo: **yazga/yaga, yazgas/yagas, yazga/yaga, yazgamos/yagamos, yazgáis/yagáis, yazgan/yagan.**
(3) Imperativo: **yaz** (tú), **yazga/yaga, yazgamos/yagamos, yazgan/yagan.**

69 ROER

INDICATIVO

Presente	Pret. Perfecto
roigo(1)	he roído
roes	has roído
roe	ha roído
roemos	hemos roído
roéis	habéis roído
roen	han roído

Pret. Imperf.	Pret. Pluscuamp.
roía	había roído
roías	habías roído
roía	había roído
roíamos	habíamos roído
roíais	habíais roído
roían	habían roído

Pret. Perf. Simp.	Pret. Anterior
roí	hube roído
roíste	hubiste roído
royó	hubo roído
roímos	hubimos roído
roísteis	hubisteis roído
royeron	hubieron roído

Futuro Imperf.	Futuro Perfecto
roeré	habré roído
roerás	habrás roído
roerá	habrá roído
roeremos	habremos roído
roeréis	habréis roído
roerán	habrán roído

Condicional	Condicio. Perfecto
roería	habría roído
roerías	habrías roído
roería	habría roído
roeríamos	habríamos roído
roeríais	habríais roído
roerían	habrían roído

SUBJUNTIVO

Presente(2)	Pret. Perfecto
roiga	haya roído
roigas	hayas roído
roiga	haya roído
roigamos	hayamos roído
roigais	hayáis roído
roigan	hayan roído

Pret. Imperf.	Pret. Pluscuamp.
royera/-se	hubiera/-se roído
royeras/-ses	hubieras/-ses roído
royera/-se	hubiera/-se roído
royéramos/-semos	hubiéramos/-semos roído
royerais/-seis	hubierais/-seis roído
royeran/-sen	hubieran/-sen roído

Futuro Imperf.	Futuro Perfecto
royere	hubiere roído
royeres	hubieres roído
royere	hubiere roído
royéremos	hubiéremos roído
royereis	hubiereis roído
royeren	hubieren roído

IMPERATIVO

Presente
roe tú
roa (**roiga/roya**) él
roigamos nosotros
roed vosotros
roan (**roigan/royan**) ellos

FORMAS NO PERSONALES

Infinitivo	*Infinitivo Compuesto*
roer	haber roído
Gerundio	*Gerundio Compuesto*
royendo	habiendo roído
Participio	
roído	

---

(1) La primera persona del singular del presente de indicativo también puede ser: **roo/royo**.
(2) Presente de subjuntivo, también puede ser: **roa/roya, roas/royas, roa/roya, roamos/royamos, roáis/royáis, roan/royan.**

70   RAER

INDICATIVO

Presente	Pret. Perfecto
raigo [1]	he raído
raes	has raído
rae	ha raído
raemos	hemos raído
raéis	habéis raído
raen	han raído

Pret. Imperf.	Pret. Pluscuamp.
raía	había raído
raías	habías raído
raía	había raído
raíamos	habíamos raído
raíais	habíais raído
raían	habían raído

Pret. Perf. Simp.	Pret. Anterior
raí	hube raído
raíste	hubiste raído
rayó	hubo raído
raímos	hubimos raído
raísteis	hubisteis raído
rayeron	hubieron raído

Futuro Imperf.	Futuro Perfecto
raeré	habré raído
raerás	habrás raído
raerá	habrá raído
raeremos	habremos raído
raeréis	habréis raído
raerán	habrán raído

Condicional	Condicio. Perfecto
raería	habría raído
raerías	habrías raído
raería	habría raído
raeríamos	habríamos raído
raeríais	habríais raído
raerían	habrían raído

SUBJUNTIVO

Presente [2]	Pret. Perfecto
raiga	haya raído
raigas	hayas raído
raiga	haya raído
raigamos	hayamos raído
raigáis	hayáis raído
raigan	hayan raído

Pret. Imperf.	Pret. Pluscuamp.
rayera/-se	hubiera/-se raído
rayeras/-ses	hubieras/-ses raído
rayera/-se	hubiera/-se raído
rayéramos/-semos	hubiéramos/-semos raído
rayerais/-seis	hubierais/-seis raído
rayeran/-sen	hubieran/-sen raído

Futuro Imperf.	Futuro Perfecto
rayere	hubiere raído
rayeres	hubieres raído
rayere	hubiere raído
rayéremos	hubiéremos raído
rayereis	hubiereis raído
rayeren	hubieren raído

IMPERATIVO

Presente

rae tú
raiga (raya) él
raigamos (rayamos) nosotros
raed vosotros
raigan (rayan) ellos

FORMAS NO PERSONALES

Infinitivo	Infinitivo Compuesto
raer	haber raído
Gerundio	*Gerundio Compuesto*
rayendo	habiendo raído
Participio	
raído	

---

[1] La primera persona del singular del presente de indicativo también puede ser: **rao/rayo**.
[2] El presente de subjuntivo, también puede ser: **raya, rayas, raya, rayamos, rayáis, rayan**.

EL PARTICIPIO

El participio es una de las formas no personales del verbo. Se llama participio porque *participa* de la naturaleza del verbo y del adjetivo. Algunos autores hablan de un participio *activo* y de un participio *pasivo*. Aquí sólo nos referiremos al participio *pasivo* con este término, porque, en realidad, el llamado *activo* apenas funciona como verbo; si bien se conservan algunos restos latinos de este tiempo: *existente, concerniente,...*

Son regulares los participios terminados en "-ado" (1ª conjugación) o "-ido"(2ª y 3ª conjugación). Son irregulares, lógicamente, los que no acaban de esta manera. Los irregulares suelen terminar en "-to" (escrito), "-cho" (dicho), "-so" (impreso).

Veremos los principales verbos con participio irregular. Hay verbos que tienen dos participios, uno regular y otro irregular. Otros, la mayoría, presentan un participio regular.

1º   *Principales verbos con participio irregular*

Abrir .... **abierto** (y sus compuestos: entreabrir, reabrir...).
Absolver .... **absuelto** (y sus compuestos: disolver, resolver...).
Cubrir .... **cubierto** (y sus compuestos: descubrir, encubrir...).

Decir.............	**dicho*** (y sus compuestos:	contradecir, desdecir...).
Escribir..........	**escrito** (y sus compuestos:	describir, proscribir...).
Hacer.............	**hecho** (y sus compuestos:	deshacer, rehacer...).
Morir.............	**muerto** (y sus compuestos:	entremorir...).
Poner.............	**puesto** (y sus compuestos:	componer, reponer, suponer...).
Podrir/Pudrir	**podrido** (y sus compuestos:	repudrir...).
Ver................	**visto** (y sus compuestos:	entrever, prever...).
Volver	**vuelto** (y sus compuestos:	devolver, envolver...).

2º Verbos con dos participios, uno regular y otro irregular

En general, estos participios irregulares sólo se usan como adjetivos, sin que puedan servir para formar los tiempos compuestos. Constituyen una excepción los participios irregulares **frito** (**freír**), **preso** (**prender**), **provisto** ,(**proveer**), **roto** (**romper**) que se utilizan para formar los tiempos compuestos con preferencia sobre los regulares.

Infinitivo	Participio regular	Participio irregular
Absorber	absorbido	**absorto**
Abstraer	abstraído	**abstracto**
Afligir	afligido	**aflicto**
Ahitar	ahitado	**ahíto**
Atender	atendido	**atento**
Bendecir	bendecido	**bendito**
Circuncidar	circuncidado	**circunciso**
Compeler	compelido	**compulso**
Comprender	comprendido	**comprenso**

---

* **Bendecir** y **maldecir** no presentan el participio como **decir**, tienen dos participios, uno regular: **bendecido, maldecido,** y otro irregular: **bendito, maldito.**

Infinitivo	Participio regular	Participio irregular
Comprimir	comprimido	**compreso**
Concluir	concluido	**concluso**
Confesar	confesado	**confeso**
Confundir	confundido	**confuso**
Contentar	contentado	**contento**
Contraer	contraído	**contracto**
Contundir	contundido	**contuso**
Convencer	convencido	**convicto**
Convertir	convertido	**converso**
Corregir	corregido	**correcto**
Corromper	corrompido	**corrupto**
Despertar	despertado	**despierto**
Difundir	difundido	**difuso**
Dirigir	dirigido	**directo**
Dividir	dividido	**diviso**
Elegir	elegido	**electo**
Enjugar	enjugado	**enjuto**
Excluir	excluido	**excluso**
Eximir	eximido	**exento**
Expeler	expelido	**expulso**
Expresar	expresado	**expreso**
Extender	extendido	**extenso**
Extinguir	extinguido	**extinto**
Fijar	fijado	**fijo**
Fingir	fingido	**ficto**
Freír	freído	**frito***
Hartar	hartado	**harto**
Imprimir	imprimido	**impreso***

* **Frito** se emplea más que **freído** para formar los tiempos compuestos.

* **Impreso** se emplea mucho menos que **imprimido** para formar los tiempos compuestos; pero también se utiliza.

Infinitivo	Participio regular	Participio irregular
Incluir	incluido	**incluso**
Incurrir	incurrido	**incurso**
Infundir	infundido	**infuso**
Injertar	injertado	**injerto**
Insertar	insertado	**inserto**
Invertir	invertido	**inverso**
Juntar	juntado	**junto**
Maldecir	maldecido	**maldito**
Manifestar	manifestado	**manifiesto**
Manumitir	manumitido	**manumiso**
Marchitar	marchitado	**marchito**
Nacer	nacido	**nato**
Omitir	omitido	**omiso**
Oprimir	oprimido	**opreso**
Pasar	pasado	**paso**
Poseer	poseído	**poseso**
Prender	prendido	**preso***
Presumir	presumido	**presunto**
Propender	propendido	**propenso**
Prostituir	prostituido	**prostituto**
Proveer	proveído	**provisto***
Recluir	recluido	**recluso**
Reteñir	reteñido	**retinto**
Retorcer	retorcido	**retuerto**
Romper	rompido	**roto***
Salpresar	salpresado	**salpreso**
Salvar	salvado	**salvo**

* **Preso** se emplea para formar los tiempos compuestos, también se utiliza **prendido**; pero el verbo prender adquiere significados distintos.

* **Provisto** se emplea más que **proveído**. Cuando se utiliza proveído, el verbo adquiere un matiz significativo distinto.

* **Roto** se emplea siempre, frente a **rompido** que ha caído enteramente en desuso.

Infinitivo	Participio regular	Participio irregular
Sepultar	sepultado	**sepulto**
Soltar	soltado	**suelto**
Someter	sometido	**sumiso**
Sujetar	sujetado	**sujeto**
Suprimir	suprimido	**supreso**
Suspender	suspendido	**suspenso**
Sustituir	sustituido	**sustituto**
Teñir	teñido	**tinto**
Torcer	torcido	**tuerto**

RÉGIMEN PREPOSICIONAL DE ALGUNOS VERBOS

Abalanzarse *sobre* alguien, *–a* los peligros, *–hacia* la puerta.
Abandonar(se) *a* la suerte, *–en* manos de la suerte.
Abastecer(se) *de,* con trigo.
Abatirse de ánimo, *–sobre* la presa, *–ante* algo o alguien.
Abdicar *de* los principios, *–en* alguien.
Abochornarse *de, por* algo o alguien.
Abogar *por* algo o alguien.
Abominar *de* algo o alguien.
Abrazar(se) *a, con* alguien.
Abrigar(se) del, *contra* el viento.
Abrir(se) *a, con* algo o alguien.
Abundar *en* la misma idea.
Aburrir(se) *de, con* algo o alguien.
Acabar *con* su dinero, *–de* llegar, *–por* negarse, *–en* la miseria.
Acalorarse *en, con, por* la disputa.
Acertar *con* la solución, *–en* el blanco, *–a* responder.
Aclimatarse *a* un país.
Acobardarse *ante, con, por* la mala suerte, *–de* algo.
Acodarse *a, en* la mesa.
Acometer *a, contra* los enemigos, *–por* la espalda.
Acomodarse *en, a* un lugar, *–de* tractorista, *–a* lo que pasa.
Acompañarse *a, con* el piano, *–de, con* alguien.
Aconsejarse *con* un experto, *–en, sobre* un tema.

Acoplar(se) una cosa *a* otra, *–una* cosa *en* un lugar.
Acordarse *de* algo o alguien.
Acosar *a* preguntas.
Acostumbrar(se) *a* algo o alguien.
Acreditar(se) *de* necio, *–con, para* algo o alguien.
Actuar *en* la película, *–de* protagonista.
Acudir *a* alguien o alguna parte.
Adaptarse *a* las costumbres.
Adelantar(se) a otros, *–en* algo.
Admirarse *de* algo.
Adornar *con, de* tapices.
Advertir *de* algo.
Afanarse *en* el trabajo, *–por* vencer.
Aferrarse *a, en* sus principios.
Afiliarse *a, en* un partido.
Afirmarse *en* lo dicho.
Afligirse *con, de, por* los sucesos.
Aflojar *en* el estudio.
Aflorar *a* la superficie.
Agarrar(se) *de, por* los brazos, *–a* algo.
Agobiarse *de, por* el trabajo.
Agregarse *a* alguien.
Ahogarse *de* calor, *–en* un vaso de agua.
Ahondar *en* algo.
Ahorcarse *de, en* un árbol.
Ajustar(se) una cosa *a* otra, *–al* asunto.
Alardear *de* algo.
Alcanzar *a* un lugar, *–a* entender algo, *–algo de* alguien.
Alegrarse *con, de, por* algo, *–de* ver algo.

Alejarse *de* un lugar.
Aliarse *a*, *con*, *contra* alguien.
Alimentarse *con*, *de* verduras.
Alinearse *con* los pobres.
Alistarse *en* el ejército.
Alternar *con* alguien.
Aludir *a* alguien o algo.
Alzar los ojos *a*, *hacia* el cielo.
Amenazar *con*, *de* (la) muerte.
Ampararse *de*, *contra* el viento.
Anegar(se) *de* agua, *–en* sangre.
Animar(se) *a* algo.
Anticiparse *a* algo o alguien.
Aparecer(se) *en*, *por* un lugar, *–a* alguno, *–entre* sueños.
Apasionar(se) *por*, *con* alguno o algo.
Apearse *de* la mula, *–en* un lugar.
Apechugar *con* todo.
Apegarse *a* alguien o algo.
Apelar *a*, *ante* la justicia, *–contra*, *de* una sentencia.
Apellidar *de* tonto.
Apencar *con* los resultados.
Apercibir(se) *a*, para la batalla, *–de* su presencia(de armas), *–contra* posibles engaños.
Apesadumbrar(se) *con* la noticia, *–por* bobadas.
Apiadarse *de* los pobres.
Aplicarse *a*, *en* los estudios.
Apoderarse *de* algo.
Apostar *a* correr, *–por* alguien.
Apostatar *de* su religión.
Apoyar(se) *en* algo o alguien.
Apreciar *en* mucho, *–por* su amabilidad.
Aprestar(se) *a*, *para* algo.
Apresurar(se) *a* salir, *–en* la respuesta, *–por*, *para* llegar.
Apretar *a* correr, *–en*, *con* los brazos.
Aprovechar(se) *en* los estudios, *–de* algo o alguien.
Aproximarse *a* un sitio.
Apurarse *por* algo o alguien, *–en* los contratiempos.
Arder *en* deseos, *–de* ira.
Armar(se) *con* una lanza, *–de* valor.
Arraigar(se) *en* un lugar.

Arrancar *de* la tierra.
Arrasarse *de*, *en* lágrimas.
Arrebatarse *de* ira.
Arremeter *contra* alguien.
Arrepentirse *de* algo.
Arriesgarse *a* salir, *–en* su empresa.
Arrojar(se) *de*, *por* la ventana, *–al* estanque, *–del* coche.
Asaetar *a*, *con* preguntas.
Asar *a* la lumbre, *en* la parrilla.
Ascender *a* general, *–de* grado.
Asegurar(se) *contra* el granizo, *–de* algo.
Asemejar(se) *en*, *por* la forma, *–a* alguien o algo.
Asentir *a* lo dicho.
Asesorar(se) *sobre* algo, *–con* alguien.
Asir(se) *del* brazo, *–a*, *de* una rama.
Asistir *a* un estreno, *–de* oyente, *–en* la enfermedad.
Asociarse *a*, *con* alguien.
Asomarse *a*, *por* el balcón.
Asombrarse *de*, *por*, *con* algo.
Asustarse *de*, *con*, *por* algo.
Atarearse *en*, *con* algo.
Atender *a* la conversación.
Atenerse *a* las instrucciones.
Atentar *contra* algo o alguien.
Aterrarse *de*, *por* algo.
Atiborrar(se) *de* algo.
Atinar al blanco, *–en*, *con* la solución.
Atormentar(se) *por*, *con* algo.
Atragantar(se) *con* algo.
Atreverse *con* algo o alguien, *–a* hacer algo.
Aumentar *de* precio.
Autorizar *con* su firma.
Avanzar *a*, *hacia* un lugar.
Avenirse *a* todo, *–con* alguien.
Avergonzarse *de*, *por* algo, *–de* pedir.
Ayudar(se) *a* vencer, *–en* un apuro, *–de* algo.

Basarse *en* algo.
Bastar *con* algo, *–para*(a) contenerlos, *–de* bulla.
Beber *de*, *en* una fuente, *–a* la salud de alguien.

Beneficiarse *con, de* algo.

Blasfemar *contra* algo o alguien, *–de* la virtud.

Bostezar *de* sueño.

Brincar *de* alegría.

Brindar(se) *a, por* algo o alguien, *–con* vino.

Burlar(se) *a* alguien, *–de* algo o alguien.

Cabalgar *en, sobre* un caballo.

Caber *en, por* un lugar.

Caer *en, a* tierra, *–de, a,* un lugar, *–sobre* los enemigos, *–en* la cuenta.

Calar(se) *a* fondo, *–de* agua, *–hasta* los huesos.

Calentar(se) *a* la lumbre, *–con* el ejercicio, *–en* el juego.

Calificar *de* sabio, *–con* notable.

Cambiar(se) *de* traje(de opinión), *–algo por, con* una cosa, *–la* risa *en* llanto.

Campar *por* sus fueros.

Cansar(se) *de, con* algo o alguien.

Carecer *de* algo.

Cargar(se) *a, en* hombros, *–de* trigo(de razón), *–sobre* los vecinos, *–con* todo.

Casar(se) una cosa *con* otra, *–en* segundas nupcias, *–con* alguien, *–por* poderes.

Cebar(se) *con* bellotas, *–en* el trabajo, *–con* el rival.

Ceder *a* los ruegos (*a* la autoridad), *–en* un tema, *–de* su derecho.

Cegarse *de* ira.

Centrar(se) *en* el tema.

Ceñir(se) *al* tema, *–a* la cintura, *–con* el cinturón.

Cerciorarse *de* algo.

Cernerse(y cernirse) *sobre* algo o alguien.

Cerrarse *a* algo o alguien, *–en* algo.

Cesar *de* nevar, *–en* una función.

Chalarse *por* algo o alguien.

Chiflarse *por* algo o alguien.

Chocar *con* o *contra* algo.

Circunscribirse *a* algo.

Clavar una cosa *a, en* un lugar.

Coadyuvar *a, en* una cosa.

Cobrar *de* los deudores, *–en* metálico, *–algo por* un trabajo.

Cocer *a, con* fuego lento.

Codearse *con* alguien.

Coexistir *con* alguien.

Coincidir *en* algo, *–con* alguien.

Cojear *del* pie derecho.

Colaborar *con* alguien, *–en* algo.

Colegir una cosa *de* otra, *–por* los antecedentes.

Colgar(se) *de, en* una percha.

Coligarse (no coaligarse) *con* alguien.

Colmar *de* honores.

Colocar(se) *de* maquinista, *–en, con, por* orden (un lugar).

Combatir *con, contra* el adversario.

Comedirse *en* las palabras.

Comenzar *a, por* decir.

Comer *con* las manos, *–a* dos carrillos, *–por* seis, *–de* todo (*de* mañana).

Comerciar *con, en* algo, *–por* mayor (al *por* mayor).

Compadecerse *de* algo o alguien.

Compaginar(se) una cosa *con* otra.

Comparar(se) un objeto *a, con* otro.

Compartir algo *con* alguien, *–entre* varios.

Compeler *a* otro *a* algo.

Compensar una cosa *con* otra, *–por, de* unos perjuicios.

Competer (no confundir *con* competir) *a* alguien.

Competir *con* alguno, *–en* calidad.

Complacer(se) *con* la noticia, *–en* algo.

Componer(se) *con* los deudores, *–de* bueno y malo.

Comprometer(se) *a* alguien, *–a* pagar, *–con* alguien, *–en* una empresa.

Comunicar(se) *con* alguien, *–por* señas.

Concluir *en, con* vocal, *–por* ceder.

Concordar *con, en* algo, *–la* copia *con* el original.

Concurrir *a* algún fin, *–en, a* un lugar, *–con* otros.

Concursar *a* una plaza *de* conserje.

Condenar *a* uno *a* prisión (*a* cadena perpetua).

Condensar(se) *en* unas palabras.

Condescender *a* los ruegos, *–con* la instancia.

Condolerse *de, por* los sufrimientos.

Conducir *a* buen término.

Conectar *a* un lugar, *–con* algo o alguien.

Confesar(se) *a* Dios (al juez), *–con* alguien, *–de* algo.

Confiar *en* alguno, *–en* que algo ocurra (no es correcto sin preposición).

Confinar *a* alguno *en* algún lugar, *–con* Portugal.

Confirmar(se) *en* la fe, *–por* sabio, *–en* su opinión, *–a* alguien *en* el cargo.

Conformar(se) su opinión *con, a* la ajena, *–con* lo que se tiene.

Confundir(se) una cosa *con* otra, *–de, en* (el) piso.

Congeniar *con* alguien.

Congraciarse *con* alguien.

Congratularse *con* alguien, *–de, por* alguna cosa.

Conminar *a* hacer alguna cosa.

Conmutar una cosa *con, por* otra, *–una* pena *en* otra.

Consagrar(se) *a* algo o alguien.

Consentir *con* los caprichos (también sin preposición), *–en* algo.

Considerar una cuestión *en* (bajo) algún aspecto, *–por* todos los lados.

Consistir *en* algo.

Consolar(se) *a* uno de algo, *–en* la desgracia.

Conspirar *a* un fin, *–con* otros, *–contra* alguien, *–en* un intento.

Constar el todo *de* partes, *–en* el acta, *–por* escrito.

Constituir(se) *en* defensor, estar constituido *por* algo.

Consumir(se) *con, de* fiebre, *–a* fuego lento.

Contagiar(se) *con, del, por* el roce, *–de* una enfermedad (*de* alguien).

Contaminar(se) *de, con* algo.

Contar *con* algo o alguien.

Contemporizar *con* alguno.

Contender *con* alguno, *–en* brillantez, *–sobre* algún tema, *–por* un premio.

Contener(se) algo *en* su interior, *–en* sus deseos, *–de* hacer algo.

Contentarse *con* con algo o alguien.

Contraponer una cosa *a* otra.

Contrastar *con* algo.

Contravenir *a* la ley.

Contribuir *a, para* una cosa, *–con* dinero, *–a* hacerlo.

Convalecer *de* una enfermedad.

Convencer(se) *a* alguien de, *con* algo.

Convenir algo al enfermo, *–con* alguien *en* algo.

Converger/convergir *a, hacia* un fin, *–en* un lugar.

Conversar *con* alguien, *–sobre* algo.

Convertir(se) el agua *en* vino, *–al* catolicismo.

Convidar *a* alguien *a* algo, *–con* algo.

Convocar *a* junta.

Cooperar *a, en* algo, *–con* otro.

Copiar *a* máquina, del original.

Coronar *con, de* flores.

Corregir(se) *de* algo.

Correr(se) *a* caballo, *–con* los gastos, *–por* mal camino, *–de* vergüenza.

Corresponder(se) una cosa *con* otra, *–con* la gente, *–a* los beneficios.

Cotejar la copia *con* el original.

Creer algo *de* alguien, *–en* Dios.

Cruzar(se) una especie *con* otra, *–de* brazos, *con* alguien por la calle.

Cuadrar algo *a* alguien, *–lo* uno *con* lo otro.

Cubrir(se) *con* una manta, *–de* honores.

Cuidar(se) *de* algo o alguien.

Culpar *a* alguien *de* algo.

Cumplir *con* alguno o algo.

Curarse *de* una enfermedad, *–con* algo, *–en* salud.

Curtir(se) *al, del, con* el aire, *–en* los trabajos.

Dar(se) *con* algo o alguien, *–de* sí *–en* manías, *–contra* el suelo, *–a* estudiar, *–de* tortas, *–por* vencido.

Decaer *de* su antiguo esplendor, *–en* sus fuerzas.

Decidir(se) *a* viajar, *–en* favor de alguno, *–por* algo.

Decir algo *de* alguien, *–algo* para sí, *–de* memoria.

Dedicar(se) *a* algo o alguien.

Deducir *de, por* lo dicho.

Defender(se) *de* algo o alguien.

Degenerar *en* monstruo.

Dejar algo *en* manos de alguien, *–de* escribir, *–a* alguien por loco, *–(se) de* rodeos.

Deleitar(se) *con, en* la contemplación.

Deliberar *en* junta, *–entre* amigos, *–sobre* un tema.

Demandar *ante* el juez, *–de*, por calumnia, *–en* juicio.

Departir *con* el compañero, *–de, sobre* la guerra.

Depender *de* alguien, *de* las circunstancias.

Deponer *contra* el acusado, *–a* alguien *de* su cargo.

Depositar *en* un lugar.

Derivar(se) *de* lo expuesto, *–a* otras cuestiones.

Derramar *en, por* el suelo.

Derretir(se) *de* calor.

Derribar *de* la cumbre, *–en, por* tierra.

Derrocar *de* un lugar, *–en, por* tierra.

Desacreditar(se) *a* alguien *con* los sabios, *–en* su profesión, *–entre* los vecinos.

Desaguar *en* un canal, *–por* las esclusas.

Desahogarse *con* alguno, *–de* su pena, *–en* denuestos.

Desalojar *del* puesto.

Desarraigar *del* suelo.

Desasirse *de* algo o alguien.

Desatarse *de* las ataduras, *–en* improperios.

Desavenirse *con* alguien, *–dos entre* sí.

Desayunarse *con* chocolate.

Descabalgar *del* caballo.

Descansar *de* la fatiga, *–el* padre *en* los hijos, *–sobre* las columnas.

Descargar(se) *en, contra, sobre* alguien, *de* un peso.

Descarriarse *del* buen camino.

Descender *al* valle, *–de* buena familia, *–en* el favor del público, *–de* categoría.

Descolgar(se) *de* la ventana, *–por* la pared, *–con* una noticia.

Descollar *en* ingenio, *–entre*, sobre los demás.

Descofiar *de* una persona o cosa.

Descuidar(se) *de, en* su obligación.

Desdecirse *de* algo.

Desembarazarse *de* algo o alguien.

Desembarcar *de* la nave, *–en* el puerto.

Desembocar *en* el mar.

Desempeñar(se) *de* las deudas.

Desengañarse *de* las amistades.

Desenterrar *del* polvo.

Desertar *al* campo contrario, *–de* sus banderas.

Desesperarse *de, por* algo.

Desfallecer *de* ánimo.

Desfogarse *con* un amigo.

Desgajar(se) una parte *de* un todo.

Deshacer(se) *del* enemigo, *–en* lágrimas.

Desistir *del* intento.

Desleír *en* agua.

Desnudarse *de* la ropa.

Despecharse *contra* alguien.

Despedirse *de* algo o alguien.

Despegar(se) una cosa *de* otra.

Despeñarse *al, en* el mar, *–por* la cuesta.

Despertar(se) *del* sueño.

Despotricar *contra* algo o alguien.

Desprenderse *del* árbol.

Despuntar *en* una actividad, *–entre* los demás.

Desquitarse *de* una pérdida.

Desternillarse *de* risa.

Desterrar *a* una isla, *–de* su patria.

Destinar *a, para* algo.

Destituir *de* un cargo.

Desvergonzarse *con* alguno.

Desviarse *del* camino.

Desvivirse *por* algo.

Detenerse *con, en* los obstáculos.
Determinarse *a* marchar, *–en* favor de
    alguien.
Dictaminar *sobre* algo.
Diferenciarse una cosa *de* otra, *–ambos*
    entre sí.
Diferir *de* Pedro, *–de* hoy a mañana,
    –entre sí *–algo* a, *para* otro mo-
    mento.
Dimanar una cosa *de* otra.
Dimitir *de* un cargo.
Discernir una cosa *de* otra.
Discordar *del* maestro, *–en* pareceres.
Discrepar *de* una opinión, *–de* alguien
    en un punto.
Disculpar(se) *con* alguien, *–de, por*
    algo.
Discurrir *de* un punto a otro, *–en* varias
    materias, *–sobre* Arte.
Diseminar(se) *en, por* el campo.
Disentir *de* los otros, *–en* política.
Disertar *sobre* algo.
Disfrazar(se) *de* moro, *–con, en* traje
    de rey.
Disfrutar *de* algo (*de* buena salud), *con*
    algo.
Disgustarse *con* alguien, *–de, por* algo.
Disonar una cosa *de* otra.
Disparar *a, contra* algo o alguien.
Dispensar *de* una obligación, *–de, por*
    hacer algo.
Disponer(se) *a* alguien a o *para* algo,
    –de algo o alguien, *–en* hileras, *–por*
    secciones.
Disputar *con* alguien, *–de, acerca de,*
    sobre algo.
Distanciarse *de* alguien o algo.
Distar un pueblo *de* otro.
Distinguir(se) *una* cosa *de* otra, *–de*
    otros, *–en* las letras, *–entre* todos.
Distraer(se) *a* alguien *de* sus deberes,
    –con, por el ruido.
Distribuir *en* porciones, *–algo* entre los
    compañeros, *–a* los niños por su
    estatura.
Disuadir(se) *de* algo.
Divergir *de* algo o alguien, *–en* algo.
Divertir(se) *en, con* algo o alguien.

Dividir(se) *en* partes, *por* la mitad (por
    un número).
Divorciarse *de* alguien.
Dolerse *de* algo o alguien.
Dotar *con, de* algo.
Dudar *de* algo o alguien, *–entre* una
    cosa u otra, *en* hacer algo.
Echar *por, en, a* tierra, *–de* un lugar (*de*
    ver), *–a* correr, *–de* menos.
Educar *en* los buenos principios.
Ejercer *de* médico.
Ejercitarse *en* algo.
Elegir *de* entre varios.
Elevar(se) *al, hasta* el cielo, *–de* la tie-
    rra, *–por* los aires, *–sobre* el vulgo.
Embadurnar *de* pintura.
Embarcar(se) *de* polizón, *–en* un yate,
    –para Mallorca.
Embeberse *de* algo, *–en* la lectura.
Embelesarse *con* algo o alguien, *–en* la
    contemplación.
Embestir *a, contra* la multitud.
Embobarse *con, en* algo.
Emborrachar(se) *con, de* algo.
Emboscarse *en* la espesura.
Embozarse *con* la capa, *–en* el abrigo,
    –hasta los ojos.
Embravecerse *con, contra* alguien.
Embriagarse *con* champán, *–de* júbilo.
Embutir(se) *de* algodón, una cosa *en*
    otra.
Empalagarse *con, de* algo.
Empalmar *con, en* algo.
Empapar(se) *de, en* algo.
Emparentar *con* alguien.
Empecinarse *en* algo.
Empedrar *con, de* adoquines.
Empeñarse *en* una empresa, *–en* dos
    millones, *–en* hacer algo.
Empotrar *en* la pared.
Encajar una cosa *en, con* otra.
Encapricharse *de, con* algo o alguien.
Encaramarse *a, en* un árbol.
Encararse *a, con* alguien.
Encargarse *de* algo.
Encenderse *de, en* ira.
Encogerse *de* hombros.

Encomendarse *a* algo o alguien, *–en* manos *de* alguien.

Encuadernar *en* piel.

Enemistar(se) *a* uno con otro.

Enfadarse *con, contra* alguien, *–por* algo.

Enfermar del pecho, *de* tristeza.

Enfrascarse *en* la lectura.

Enfrentarse *a, con* alguien.

Engreírse *con, de* su fortuna.

Enloquecer *de* amor.

Enojarse *con, contra* alguien, *–de, por* lo que se dice.

Enorgullecerse *de* algo o alguien.

Enredarse una cosa *a, en, con* otra.

Ensañarse *con* alguien.

Entender(se) *de* filosofía, *–en* un asunto, *–con* alguien, *–por* señas, *–en* inglés.

Enterarse *de* algo.

Entrar *en* la iglesia, *–por* la puerta, *–de* novio, *–a* saco.

Entregar(se) *a* algo o alguien, *–en* brazos de la suerte.

Entremeterse (y entrometerse) *en* los asuntos de los demás.

Entresacar lo mejor *de* un libro.

Entretenerse *con* algo, *–en* algo (en leer o leyendo).

Entristecerse *con, de, por* algo.

Envanecerse *con, de, por* algo.

Envejecer *con, de, por* los disgustos, *–en* el oficio.

Enviar a uno *a* un lugar, *–por* vino.

Enviciarse *con, en* el juego.

Envolver *con, en, entre* mantas.

Enzarzarse *en* una pelea.

Equipar *a* uno *con, de* lo necesario.

Equiparar una cosa *con, a* otra.

Equivocar(se) una cosa *con* otra, *–en* algo, *–con* alguien, *–de* portal.

Escabullirse de un lugar, *–entre, de* entre una multitud de cosas.

Escandalizarse *de, por* algo.

Escapar *a* la calle, *–con* vida, *–del* peligro.

Escarmentar *con* la desgracia, *–en* cabeza ajena.

Escoger *del, entre* el montón, *–de entre* varias cosas.

Esconder(se) *de* alguno, *–a* la mirada de alguien, *–en* alguna parte.

Escribir *de, sobre* algo, *–en* español, *–por* correo, *–en* los periódicos.

Escudarse *en* algo o alguien.

Esculpir *a* cincel, *–en* mármol.

Escupir *al, en* el rostro, *–en* el suelo.

Escurrirse *de* entre, *entre* las manos, *–en* el hielo.

Esforzarse *por, en* algo.

Esmaltar *con, de* flores.

Esmerarse *en* alguna cosa.

Espantarse *con* algo, *–de, por* algo.

Especializarse *en* algo.

Especular *con* algo, *–en* papel.

Estafar *en* algo.

Estampar *a* mano, *–en* papel, *–sobre* tela.

Estar *a, bajo* la orden de otro, *–de* vuelta, *–para* bromas, *–a* 8 grados.

Estimular *a, con* algo.

Estrenarse *con* algo.

Estudiar *con* los agustinos, *–para* médico, *–por* libre.

Exceder(se) una cosa *a* otra, *–de* la talla, *–en* elogios.

Exceptuar *a* alguno de la regla.

Excluir *a* uno de algo.

Excusarse *con* alguno, *–de* hacer algo, *–por* su conducta.

Exhortar *a* algo (a hacer algo).

Eximir a alguien *de* una obligación.

Exonerar *del* cargo, *–de* una obligación.

Explayarse *con* algo o alguien, *–en* algo.

Extenderse *en* digresiones, *por* el suelo.

Extraer *de* un lugar.

Faltar *a* la cita, *–a* la palabra, *–a* uno en algo, *–por* hacer algo.

Fatigar(se) *de* andar, *–en* pretensiones, *–por* algo, *–con* sus consejos.

Fiar(se) *de* algo o alguien, *–en* algo o alguien.

Fijar(se) *en* la pared, *–en* algo o alguien.

Firmar *con* algo, *–de* propia mano, *–en* blanco.

Flamear *al* viento, *–en* el aire.

Flaquear *en* algo.

Flotar *en* algo.

Formar *en* columna, *–por* secciones.

Forrar(se) *de, con, en* piel, *–de* dinero.

Forzar *a* hacer algo.

Fortificar(se) *con* algo, *contra* alguien, *–en* un lugar.

Fracasar *en, por* algo.

Franquear(se) *a, con* alguien.

Freír *con, en* aceite.

Frisar una moldura *con, en* otra, *–en* los cuarenta años.

Fumar *con, en* pipa.

Fundar(se) *en, sobre* algo.

Ganar *al* ajedrez, *–por* la mano, *–con* el tiempo, *–en* categoría (en salud), *–para* vivir (No "*–de* diez puntos").

Gastar *de* lo suyo, *–en* fiestas.

Girar *a, hacia* la derecha, *–a* cargo de alguien, *–en* torno a algo.

Gloriarse *de* algo.

Gozar *en, con* algo, *–de* buena posición.

Grabar *al* agua fuerte, *–con* agujas, *–en* madera, *–en* una cinta.

Graduarse *de* bachiller, *–en* Letras.

Granjear(se) la voluntad *a, de* alguien, *–para* sí.

Gravar *con* un impuesto, *–en* mucho, *–sobre* algo o alguien.

Gravitar *sobre* algo o alguien.

Guardar(se) *bajo, con* llave, *–en* la memoria, *–de* algo o alguien, *–de* hacerlo.

Guarecer(se) *de* la lluvia, *en* un portal, *–bajo* tejado.

Guasearse *de* algo o alguien.

Guiarse *por* el instinto.

Gustar *de* bromas.

Habilitar *a* uno con fondos, *–para* una actividad, *–de* ropa.

Habituarse *al* frío.

Hablar *con* alguno, *de, sobre, acerca* de algo, *–por* alguien, *–sin* ton ni son, *entre* dientes.

Hacer(se) *de* protagonista, *–por* la patria, *–bien* o mal *en* casarse, *–con* algo, *–de* nuevas, *–de* rogar, *–a* todo.

Hallar(se) algo *en* el suelo, *–con* una dificultad, *–en* un lugar.

Hartar(se) *de* fruta, *–de* esperar.

Helarse *de* frío.

Henchir(se) el bolso *de* algo, *–de* gozo.

Heredar algo *de* alguien, *–a* otro en el título, *–en, por* línea recta.

Herir *de* muerte, *–en* su amor propio.

Hermanar(se) una cosa *con* otra.

Herrar *al* fuego, *–en* frío.

Hervir *en* deseos, *–de* gente un lugar.

Hincarse *de* rodillas.

Hincharse *de, con* algo.

Hombrearse con los mayores.

Honrar(se) *con* la amistad *de* alguien, *–de* hacer algo.

Huir *al, del* desierto.

Humillar(se) *ante* alguien, *a* alguien.

Hundir(se) *en* el fango.

Hurtar(se) *a* algo, *–en* el precio.

Identificar(se) *con* algo o alguien.

Igualar(se) *a, con* otro, *–en* saber.

Ilusionar(se) *con* algo o alguien.

Imbuir(se) *a* uno de ideas raras.

Impacientar(se) *con, por* algo.

Impeler *a* uno *a* una acción.

Implicar(se) *en* algo.

Imponer(se) *a* alguien, *–en* algo.

Importar algo *a* alguien, *–de* Francia, *–a,* en España.

Imprimir *con* letras de oro, *–en* el espíritu, *–sobre* la piedra.

Incapacitar *para* algo.

Incautarse *de* algo.

Incidir *en* algo o alguien.

Incitar *a* uno *a* rebelarse, *a* uno *contra* otro.

Inclinar(se) *a* la clemencia, *–hacia* un lado, *–por* algo o alguien.

Incluir(se) *en* una lista, *–entre* los elegidos.

Incorporar(se) una cosa *a, en* otra, *–a* su destino.

Incrementar *en* algo.

Incrustar(se) algo *en* un lugar.

Inculcar una idea *en* el ánimo.

Inculpar a alguien *de* algo.

Incurrir *en* algo.

Indemnizar a alguien *de, por* un perjuicio.

Independizar(se) *de* alguien.

Indigestarse *de, por* algo.

Indignarse *con, contra* alguien, *–de, por* algo.

Indisponer(se) *a con, contra* alguien.

Inducir *a* algo.

Indultar *a* alguien *de* algo.

Inferir(se) una cosa *de* otra.

Infestar *de, con* ratas.

Inflarse *de* algo.

Influir *en, sobre* algo o alguien, *–con* alguien *para* algo.

Informar(se) *de, sobre* algo.

Ingresar *en* alguna parte.

Inhabilitar a uno *para* una función.

Inhibirse *de, en* algo.

Injerirse *en* asuntos ajenos.

Inmiscuirse *en* un asunto.

Inmunizar(se) *contra* una enfermedad.

Inquirir algo *de* alguien.

Insinuar(se) *a, con* alguien.

Insistir *en, sobre* una cosa, *–en* hacer algo.

Inspirarse *en* algo o alguien.

Insubordinar(se) *contra* algo o alguien.

Interferir(se) *en* un asunto, *–en* los derechos de alguien.

Internar(se) *en* el bosque.

Intimar a hacer algo, *–con* algo.

Inundar *de* agua.

Investir a alguien *con, de* un cargo.

Involucrar(se) *en* algo.

Ir *a* alguna parte, *–de* invitado, *–por* agua.

Irrumpir *en* un lugar.

Jactarse *de* algo.

Jaspear una pared *de* rojo.

Jubilar(se) *a* uno *de* su puesto.

Jugar *a, con* algo o alguien.

Juntar una cosa *con, a* otra.

Jurar *en* falso, *–por* Dios, *sobre* la Biblia.

Justificar(se) *con* alguien, *–de* una acusación.

Juzgar a alguien *de* un delito, *–en* una materia, *por, sobre* las apariencias.

Lamentarse *de, por* algo.

Lanzar(se) *al, en* el mar, *sobre* la presa.

Levantar(se) *al* cielo, *–del* suelo, *–por* las nubes, *contra* alguien, *–en* armas, *de* la mesa.

Libertar *de* algo.

Librar(se) *de* riesgos, *–de* los enemigos, *–contra* un banco.

Licenciarse *en* Derecho.

Limitar(se) *con* otro país, *a* copiar.

Lindar una tierra *con* otra.

Litigar *sobre* algo, *–con, contra* alguien.

Llamar(se) *a* la puerta, *–a* juicio, *–a* voces, *–de* tú, *por* señas, *–a* engaño.

Llorar *de* alegría, *–por* algo o alguien.

Llover *a* cántaros, desgracias *sobre* alguien, *sobre* mojado.

Luchar *con, contra* alguien, *–por* algo.

Lucrarse *de, con* algo.

Maldecir *a* otro, *–de* todo.

Malquistar(se) *a* uno con otro, *–con* otro.

Manar agua *de* un lugar.

Manchar la ropa *con, de* tinta.

Mancomunarse *con* otros.

Mandar *a* un lugar.

Manipular *en, con* algo.

Mantenerse *con, de* algo, *–en* un lugar o situación.

Maquinar algo *contra* alguien.

Maravillarse *con, de* algo.

Matar(se) *por* algo, *–de* un tiro, *–a* ahacer algo.

Matizar *con, de* rojo y verde.

Mediar *por* alguien, *–en* una cuestión, *entre* unos amigos.

Meditar *en, sobre* algo.

Mejorar de estado, –en algo.
Meter(se) en alguna parte o tema, –con la gente, –por medio, –a fraile.
Mirar(se) a, hacia una parte, –al propio interés, en el espejo, –de reojo, –por encima del hombro.
Moderarse en las palabras.
Mofarse de algo o alguien.
Molestar(se) con algo, –en hacer algo.
Montar a caballo, –en bicicleta, –en cólera.
Morir(se) de, por una causa, –por alcanzar algo, –de risa.
Motejar a uno de ignorante.
Mover a piedad, –de un lugar a otro.
Multiplicar por un número.
Murmurar de alguien.

Nacer de buena familia, –en Palencia, –para poeta.
Nadar en un lugar, en la abundancia, –entre dos aguas, –contra corriente.
Negarse a algo.
Negociar en, con algo.
Nutrir(se) con buenos manjares, –de sabiduría.

Obedecer a algo o alguien.
Obligar a hacer algo, –con algo.
Obsequiar a alguien con algo.
Obsesionarse con, por algo.
Obstar una cosa a, para otra.
Obstinarse en alguna cosa, contra alguien.
Obtener(se) algo de alguien.
Ocupar(se) con un negocio, de alguien, –en, de hacer algo.
Ofender(se) de palabra, con alguien, –por todo.
Oficiar de maestro de ceremonias.
Ofrecerse de acompañante, en garantia, –para hacer algo.
Oler a rosas.
Olvidarse de algo.
Operarse de algo.
Opinar de, sobre algo o alguien.
Oponer(se) una cosa a otra, –a la injusticia, –a hacer algo.

Opositar a una cátedra, –para notario.
Optar a, por, entre dos trabajos.
Orar por alguien.
Ordenar(se) de sacerdote, por materias, –en filas.

Padecer de los nervios, –por alguien, –en su honra.
Pagar(se) por otro, –con algo, –con, de buenas razones.
Paliar una cosa con otra.
Parangonar una cosa con otra.
Parecerse a otro en algo.
Participar de un sentimiento, –en algo.
Partir a, para un lugar, por en medio, –algo entre varios.
Pasar(se) de un lugar a otro, –por alto (cobarde), –en silencio, –de listo.
Pasmarse de algo.
Pecar de palabra, –con la intención, –en, contra algo, –de orgullo, –por exceso o defecto.
Pedir por, para alguien o algo.
Pelear(se) con alguien, –por algo o alguien.
Pender de un hilo, –en, de la pared.
Percatarse de algo.
Perder en el, al juego, –en rodeos, –algo de vista.
Permutar una cosa por, con otra.
Perseverar en algo.
Persistir en una idea.
Persuadir a, para hacer algo, –de algo, –con buenos argumentos.
Pertrecharse con, de lo necesario.
Picar(se) de, en todo, –con alguien.
Plasmar(se) una cosa en otra.
Pleitear por, contra alguien.
Poblar de árboles.
Poner(se) a alguien bajo tutela, –a malas con alguien, –a uno de alcalde, –de vuelta y media, –por medio.
Porfiar con alguien, –en un empeño, –sobre un asunto.
Posar(se) ante, para un pintor, –en, sobre un árbol.
Posponer una cosa a otra.

Postrar(se) *a* los pies de alguien, *de* dolor, *–en* cama, *–por* el suelo.

Precaver(se) *contra* el mal, *–de* algo.

Preceder *a* otro en algo, *una* cosa a otra.

Preciarse *de* algo (de valiente).

Precipitar(se) *al, en* el foso, *–de, desde, por* un acantilado.

Predisponer(se) *a* algo.

Preferir una cosa *a* otra.

Preguntar una cosa *a* alguien, *–por* alguien.

Prendarse *de* algo o alguien.

Prender las plantas *en* la tierra, *–con* alfileres, *–en* una alcayata.

Preocuparse *con, por, de* algo.

Prepararse *a, para* algo, *–contra* el frío.

Prescindir *de* algo.

Presentar(se) un amigo *a* otro, *–un* poema a un certamen, *–al* vecino, *–en* casa, *–de,* como candidato.

Preservar *de, contra* algo.

Prestar(se) *a* interés, *sobre* prenda, *–a* hacer algo.

Presumir *de* algo.

Prevalecer *entre* los demás, *–una* cosa sobre otra.

Prevalerse *de* su situación.

Prevenir(se) *contra* algo o alguien, *–para* algo.

Proceder *a* la lectura *de* algo, *–contra* alguien, *–en* justicia, *–una* cosa de otra.

Prodigarse *en* algo.

Profesar *en* una orden religiosa.

Promover *a* uno *a* un cargo.

Propender *a* algo (hacer algo).

Prorrumpir *en* lágrimas.

Proseguir *con, en* la labor.

Proteger(se) *del* frío, *contra* el viento.

Protestar *por, de* algo, *contra* algo o alguien.

Proveer *a* la necesidad pública, *–a* alguien *con, de* alimentos.

Provenir *de* un lugar.

Pugnar *por* algo, *–con, contra* alguien.

Pujar *en, sobre* el precio, *por* alguna cosa.

Purgar(se) *con* una medicina, *–de* la culpa.

Purificarse *de* un pecado.

Quedar *a* deber, *–en* casa, *por* cobarde, *–con* alguien, *en* hacer algo.

Quejarse *de* algo o alguien, *–por* todo.

Querellarse *a, ante* el juez, *–de, contra* alguien.

Quitar(se) algo *de* un lugar, *–algo* de en medio, *–de* enredos, *de* ahí.

Rabiar *contra* alguno, *–de* envidia, *–por* algo.

Radicar *en* un sitio.

Ratificarse *en* lo dicho.

Rayar *en* lo sublime.

Razonar *con* alguien, *–sobre* un tema.

Recabar algo *de* alguien.

Recatarse *de* la gente.

Recelar *del* compañero.

Reclamar algo *de, contra, ante* alguien.

Recobrarse *de* una enfermedad.

Recoger(se) *en* un libro, *del* suelo, *–en* sí mismo.

Reconocer *a* uno por amigo.

Reconvenir *a* uno *por, sobre, de* alguna cosa.

Recostar(se) *en, sobre* el sofá.

Recrear(se) *con, en* la pintura.

Redimir(se) *de* algo.

Redundar *en* beneficio *de* todos.

Reemplazar *a* uno *en* su puesto, *–una* cosa *por, con* otra.

Referirse *a* una persona o cosa.

Reformarse *en* las costumbres.

Regodearse *en, con* algo.

Reincidir *en* el delito.

Reingresar *en* el servicio activo.

Reintegrar(se) *a* alguien *en* su puesto, *–al* trabajo.

Reírse de alguien, *de, por* algo, *–con* alguien.

Relacionar(se) un asunto *con* otro, *–con* otras personas.

Relevar *de* un cargo.

Rematar *en, con* algo.

Remitir(se) *a* algo o alguien.

Remontarse *hasta* el cielo, *por* los aires, *–sobre* todos.

Rendirse *a* la evidencia, *–de* fatiga, *–con* la carga.

Renegar *de* algo o alguien.

Renunciar a algo o alguien.

Reñir *a*, *con* alguien.

Reparar *en* algún matiz, *–un* perjuicio *con* algo.

Reputar a uno *por, de* honrado.

Requerir *de* amores, *–a* alguien *para* algo.

Resentirse *con*, *contra* alguien, *–de*, *por* algo, *–de* una rodilla.

Resignarse *con* su suerte, *–a* morir.

Resolverse *a* salir, *–una* cosa *en* otra.

Responder *a* las preguntas, *de* sus acciones, *–por* otro.

Retractarse *de* algo.

Retraerse *a* alguna parte, *de* hacer algo.

Reventar *de* alegría, *–por* hablar.

Revestir(se) *de* yeso, *–con* algo, *–de* paciencia, *–a* alguien de facultades.

Revolcarse *por* el suelo, *–en* el barro.

Revolverse *contra* alguien.

Rezar *a* alguien *–por* alguien.

Rivalizar *con* alguien, *–por* algo, *–en* inteligencia.

Rociar *de, con* un líquido.

Rodar *de, desde* lo alto, *por* tierra.

Rodear(se) *de* algo o alguien.

Romper *con* alguien o algo, *–en* llanto.

Sacar *de* un lugar, *–a* la calle, *–en* limpio, *–en* consecuencia.

Saciar(se) *con, de* algo.

Sacrificar(se) animales a los dioses, *–por* alguien.

Salir(se) *a, hacia, para* un lugar, *–con* alguien, *–de* pobre, *–con* la suya, *–a* su padre.

Salpicar *con, de* algo.

Saltar *a, en* tierra, *–a* la vista.

Sanar *de* una enfermedad.

Secar *con* algo, *–al* aire.

Seguir(se) *en*, *con* la empresa, *–una* cosa de otra.

Semejarse una cosa *a* otra.

Servir(se) *de* guía, *–para* algo, *–de* alguien o de algo.

Simpatizar *con* algo o alguien.

Sincerarse *con* alguien, *ante* alguien.

Sintonizar *con* alguien *en* algo.

Sobreponerse *a* algo.

Sobresalir *en, por* algo, *entre* los demás.

Sobrevivir *a* una catastrofe, *–a* sus hermanos.

Solicitar algo *a, de* alguien.

Solidarizarse *con* los compañeros.

Soltarse *a* andar, *–de* las ataduras.

Someter(se) *a* algo o alguien, *–una* cosa a una presión.

Sonar *a* hueco.

Soñar *con* algo o alguien, *en* un mundo mejor.

Sospechar *de* alguien.

Subir *a* un lugar, *–en, por, de* un lugar.

Subordinar una cosa *a* otra.

Subrogar una cosa *con, por, en* lugar *de* otra.

Suceder *a* alguien en el cargo.

Sufrir *de* una enfermedad.

Sujetarse *a* una obligación.

Supeditar(se) *a* la voluntad *de* alguien.

Suplir una cosa *con, por* otra. Surtir *de* víveres.

Suscribir(se) *a* algo.

Suspender *de* una argolla, *de* empleo y sueldo, *–en* el aire, *–a* uno en una asignatura.

Sustentarse *con, de* verduras.

Sustituir *a* uno por otro, *una* cosa *por, con* otra.

Sustraerse *a* la obediencia.

Tachar *a* uno de frívolo, *–de* una lista.

Tardar *en* venir.

Tasar *en* algo.

Tejer *con, de* seda.

Temblar *de* frío, *–por* algo.

Temer *de, por* alguien.

Tender *a* algo (o hacer algo).

Teñir *de, en* negro.

Terciar *en* una disputa, *entre* dos.

Terminar *por, de* hacer algo, *–con* alguien, *–en* punta.

Tildar *de* mentiroso.

Tirar *de* la manga, *–a, hacia, por* una parte.

Topar *con* algo o alguien.

Tornar(se) *a* olvidarlo, *–la* alegría en tristeza.

Trabajar *de* albañil, *–a* destajo, *–para* comer, *–en* un oficio.

Trabar una cosa *con, en* otra.

Traducir *del* griego *al* latín.

Traficar *con, en* drogas.

Transferir algo *a* alguien, *de* una parte *a* otra.

Transformar una cosa *en* otra.

Transigir *con, en* algo.

Transportar *de* un lugar *a* otro, *–a,* en hombros.

Trasegar algo *de* un lugar *a* otro.

Tratar *de* hacer algo, *–de* valiente, *–con* alguien, *–de, sobre* algo.

Triunfar *sobre* alguien, *–en* algo.

Trocar(se) una cosa *por* otra, *–una* cosa *en* oro.

Tropezar(se) *con, en* algo o alguien.

Ufanarse *con, de* algo.

Uncir los bueyes *al* yugo.

Uniformar una cosa *a, con* otra.

Unir(se) una cosa *a, con* otra, *–a, con* los compañeros.

Untar *con, de* grasa.

Usar *de* (o sin de) malas artes.

Vaciar(se) *en* yeso, *–de* alguna cosa.

Vacilar *en* algo, *–en, entre* una cosa u otra.

Vacunar *contra* algo.

Vagar *por* el mundo.

Valerse *de* algo o alguien.

Vanagloriarse *de* algo.

Velar *a* alguien, *–por, sobre* algo o alguien.

Vender *a, en, por* un precio.

Vengarse *de* algo o alguien, *–en* alguien.

Versar *sobre* algo.

Vestir(se) *de* negro, *–con* un traje.

Volcarse *en, con* alguien o algo.

Votar *a, por* alguien.

Zafarse *de* algo o alguien.

Zarpar *del* puerto.

ÍNDICE ALFABÉTICO DE VERBOS Y SU REFERENCIA AL MODELO DE CONJUGACIÓN

Marcear......................1	Mechar.........................1	Microfilmar...................1
Marcenar....................1	Mediar..................16(1)	Migar.......................7(1)
Marchamar..................1	Mediatizar...............9(1)	Milagrear.....................1
Marchar......................1	Medicar................10(1)	Militar...........................1
Marchitar....................1	Medicinar.....................1	Militarizar.................9(1)
Marear........................1	Medir.........................52	Mimar...........................1
Margar....................7(1)	Meditar........................1	Mimbrar.......................1
Margenar....................1	Medrar........................1	Mimbrear.....................1
Marginar.....................1	Mejer.........................2	Minar...........................1
Maridar.......................1	Mejorar.......................1	Mindanguear...............1
Marinar.......................1	Melgar....................7(1)	Mineralizar..............9(1)
Marinear......................1	Melificar................10(1)	Miniar....................16(1)
Mariposear..................1	Melindrear...................1	Minimizar................9(1)
Mariscar................10(1)	Mellar..........................1	Ministrar.......................1
Marlotar......................1	Memorar......................1	Minorar.........................1
Marmotear...................1	Memorizar..............9(1)	Minusvalorar................1
Marmullar....................1	Menar...........................1	Minutar.........................1
Marramizar..............9(1)	Mencionar...................1	Mirar.............................1
Marranear....................1	Mendigar................7(1)	Mirificar.................10(1)
Marrar.........................1	Menear.........................1	Miserear.......................1
Marrear.......................1	Menguar................19(1)	Misionar.......................1
Martillar......................1	Menoscabar.................1	Mistar............................1
Martillear.....................1	Menospreciar........16(1)	Mistificar...............10(1)
Martirizar.................9(1)	Menstruar.............18(1)	Misturar........................1
Masacrar.....................1	Mensurar......................1	Mitificar.................10(1)
Masar..........................1	Mentar.......................53	Mitigar....................7(1)
Mascar..................10(1)	Mentir.......................47	Mitrar............................1
Mascarar.....................1	Menudear.....................1	Mixtificar..............10(1)
Mascujar......................1	Merar............................1	Mixturar........................1
Mascullar.....................1	Mercadear....................1	Mocear..........................1
Masticar................10(1)	Mercantilizar...........9(1)	Mochar..........................1
Matar...........................1	Mercar..................10(1)	Modelar.........................1
Matear.........................1	Mercerizar..............9(1)	Moderar.........................1
Materializar.............9(1)	Merecer.....................54	Modernizar..............9(1)
Maternizar...............9(1)	Merendar...................53	Modificar..............10(1)
Matizar....................9(1)	Mermar.........................1	Modorrar.......................1
Matraquear..................1	Merodear......................1	Modular.........................1
Matricular....................1	Mesar............................1	Mofar.............................1
Matrimoniar...........16(1)	Mestizar...................9(1)	Mohecer....................54
Matutear......................1	Mesurar.........................1	Mojar.............................1
Maullar...................21(1)	Metaforizar.............9(1)	Mojonar.........................1
Maximizar................9(1)	Metalizar.................9(1)	Moldar...........................1
Mayar...........................1	Metamorfosear...........1	Moldear.........................1
Mayear.........................1	Metatizar.................9(1)	Moldurar........................1
Mayordomear..............1	Meteorizar...............9(1)	Moler.........................46
Mazar......................9(1)	Meter..........................2	Molestar........................1
Maznar.........................1	Metodizar................9(1)	Molificar...............10(1)
Mazonear.....................1	Metrificar..............10(1)	Mollear..........................1
Mear.............................1	Mezclar.........................1	Mollificar.............10(1)
Mecanizar................9(1)	Mezquinar.....................1	Molliznar...............25(1)
Mecanografiar........17(1)	Miagar.....................7(1)	Molliznear.............25(1)
Mecer....................14(2)	Miañar...........................1	Molturar.........................1

Ramalear....................1
Ramificar..............10(1)
Ramonear.................1
Ranchear..................1
Rapar.........................1
Rapiñar......................1
Raposear....................1
Raptar........................1
Rapuzar.................9(1)
Raquear......................1
Rarear........................1
Rarefacer (siempre con-
serva la "f", participio
irreg.: "rarefacto")....28
Rarificar...............10(1)
Rasar..........................1
Rascar..................10(1)
Rascuñar....................1
Rasgar...................7(1)
Rasguear....................1
Rasguñar....................1
Rasmillar....................1
Raspar........................1
Raspear......................1
Rasquetear..................1
Rastillar......................1
Rastrallar....................1
Rastrear......................1
Rastrillar....................1
Rastrojar.....................1
Rastrojear...................1
Rasurar.......................1
Ratear........................1
Ratificar...............10(1)
Ratigar..................7(1)
Ratonar......................1
Rayar..........................1
Razonar......................1
Reabrir (part. irreg.).....3
Reabsorber.................2
Reaccionar..................1
Reactivar....................1
Reacuñar....................1
Readmitir....................3
Reafirmar...................1
Reagravar...................1
Reagrupar...................1
Reajustar....................1
Realizar..................9(1)
Realquilar...................1
Realzar...................9(1)
Reamar.......................1

Reanimar....................1
Reanudar....................1
Reaparecer...............54
Reapretar.................53
Rearar........................1
Reargüir....................58
Rearmar.....................1
Reasumir....................3
Reatar........................1
Reaventar.................53
Reavivar.....................1
Rebajar......................1
Rebalsar.....................1
Rebanar......................1
Rebanear....................1
Rebañar......................1
Rebasar......................1
Rebatir........................3
Rebautizar..............9(1)
Rebelarse...................1
Rebinar.......................1
Reblandecer.............54
Rebobinar...................1
Rebombar...................1
Reboñar......................1
Rebordear...................1
Rebosar......................1
Rebotar.......................1
Rebozar..................9(1)
Rebramar...................1
Rebrincar..............10(1)
Rebrotar......................1
Rebufar.......................1
Rebujar.......................1
Rebullir......................63
Rebumbar...................1
Reburujar...................1
Rebuscar..............10(1)
Rebutir........................3
Rebuznar....................1
Recabar......................1
Recadar......................1
Recaer......................34
Recalar.......................1
Recalcar...............10(1)
Recalcitrar..................1
Recalentar................53
Recalzar..................9(1)
Recamar......................1
Recambiar.............16(1)
Recapacitar.................1
Recapitular.................1

Recargar..............7(1)
Recatar.......................1
Recatear.....................1
Recauchutar...............1
Recaudar....................1
Recavar......................1
Recebar......................1
Recechar....................1
Recejar.......................1
Recelar.......................1
Recentar.....................1
Receñir.....................64
Receptar.....................1
Recercar...............10(1)
Recetar.......................1
Rechazar.................9(1)
Rechiflar.....................1
Rechinar.....................1
Rechistar....................1
Rechizar..................9(1)
Recibir........................3
Reciclar......................1
Recidivar....................1
Recinchar...................1
Reciprocar............10(1)
Recitar........................1
Reclamar....................1
Reclinar......................1
Recluir......................58
Reclutar......................1
Recobrar.....................1
Recocer...............46(14)
Recodar......................1
Recoger................12(2)
Recolar.....................61
Recolectar..................1
Recomendar.............53
Recomenzar..........53(9)
Recomerse...................2
Recompensar...............1
Recomponer.............44
Reconcentrar...............1
Reconciliar.............16(1)
Reconcomerse............2
Recondenar.................1
Reconducir...............56
Reconfortar.................1
Reconocer.................54
Reconquistar...............1
Reconsiderar...............1
Reconstituir...............58
Reconstruir...............58

Roborar 1
Robotizar ....9(1)
Robustecer 54
Rochar.........................1
Rociar..................17(1)
Rodajear.....................1
Rodar.........................61
Rodear.........................1
Rodrigar..................7(1)
Roer 69
Rogar..................61(7)
Rojear.........................1
Rolar 1
Roldar 1
Rollar..........................1
Romanar 1
Romancear..................1
Romanear....................1
Romanizar ....9(1)
Romanzar ....9(1)
Romper (dos particip.) .2
Roncar..................10(1)
Roncear.......................1
Ronchar......................1
Rondar 1
Ronquear....................1
Ronronear 1
Ronzar ....9(1)
Rosar...........................1
Roscar ....10(1)
Rosear.........................1
Rosigar ....7(1)
Rosnar.........................1
Rotar 1
Rotear 1
Rotular 1
Roturar 1
Rozar....................9(1)
Roznar.........................1
Ruar 1
Rubificar ....10(1)
Ruborizar ....9(1)
Rubricar ....10(1)
Rucar....................10(1)
Rufianear....................1
Rugir....................13(3)
Rular 1
Rumbar 1
Rumbear 1
Rumiar..................16(1)
Rumorearse.................1
Runflar 1

Runrunear 1
Ruñar 1
Rusentar......................1
Rusificar ....10(1)
Rusticar ....10(1)
Rustir.........................3
Rutar 1

S

Sabanear.....................1
Sabatizar ....9(1)
Saber....................33
Sablear........................1
Saborear......................1
Sabotear......................1
Sacar....................10(1)
Sachar.........................1
Saciar...................16(1)
Sacralizar...............9(1)
Sacramentar................1
Sacrificar ....10(1)
Sacudir.......................3
Saetar..........................1
Saetear........................1
Sahumar...............21(1)
Sainar..........................1
Sainetear.....................1
Sajar............................1
Sajelar.........................1
Salabardear.................1
Salar............................1
Salariar................16(1)
Saldar..........................1
Salegar...................7(1)
Salgar....................7(1)
Salificar ....10(1)
Salir.....................57
Salivar.........................1
Sallar...........................1
Salmear........................1
Salmodiar..............16(1)
Salomar........................1
Salpicar ....10(1)
Salpimentar...............53
Salpresar.....................1
Salpullir...................63
Salsear 1
Saltar 1
Saltear.........................1
Saludar........................1

Salvaguardar...............1
Salvar..........................1
Samurear 1
Sanar 1
Sancionar....................1
Sancochar...................1
Sanear..........................1
Sangrar 1
Santificar ....10(1)
Santiguar..............19(1)
Saquear........................1
Sarmentar 53
Sarpullir...................63
Satinar..........................1
Satirizar ....9(1)
Satisfacer (siempre conser-
va la ("f") (dos imperat.:
"satisfaz-satisface")......28
Saturar 1
Sazonar 1
Secar....................10(1)
Seccionar 1
Secretar.......................1
Secretear.....................1
Secuenciar............16(1)
Secuestrar 1
Secularizar.............9(1)
Secundar.....................1
Sedar...........................1
Sedear..........................1
Sedimentar..................1
Seducir....................56
Segar....................53(7)
Segmentar...................1
Segregar.......................1
Seguetear.....................1
Seguir....................52(8)
Segundar......................1
Seisavar 1
Seleccionar 1
Sellar...........................1
Semblantear................1
Sembrar 53
Semejar........................1
Sementar..................53
Senderar......................1
Senderear.....................1
Sensibilizar ....9(1)
Sentar 1
Sentenciar.............16(1)
Sentir 47
Señalar.........................1

BIBLIOGRAFÍA

ALONSO MORO, Jorge: *Verbos españoles conjugados*. Madrid, Difusión, 1988.

ALSINA, R.: *Todos los verbos castellanos conjugados*. Barcelona, Teide, 1984.

BENITO MOZAS, Antonio: *Gramática práctica*. Madrid, Editorial EDAF, 1992.

BUSQUETS, Loreto, y BONZI, Lidia: *Los verbos en español*. Madrid, Editorial Verbum, 1993.

GARCÍA-PELAYO Y GROSS, R. y F.: *Larousse de la Conjugación*. París, 1982.

KEMPIN, Carmen C. (DE): *Verbos Españoles*. Lausanne, Payot, 1959.

MARCOS MARÍN, Francisco: *Aproximación a la Gramática Española*. Madrid, Cincel, 1986.

PORTO DAPENA, J. A.: *El Verbo y su Conjugación*. Madrid, Arco/Libro, 1987.

REAL ACADEMIA ESPAÑOLA: *Esbozo de una nueva gramática de la Lengua Española*. Madrid, Espasa-Calpe, 1979.

RUBIO MORAIZ, Paloma: *Verbos españoles conjugados*. Madrid, SGEL, 1990.

SECO, Manuel: *Diccionario de dudas y dificultades de la Lengua Española*. Madrid, Espasa-Calpe, 1986.

COLECCIÓN AUTOAPRENDIZAJE